똑똑한 여우들의 5분 아침밥 전략

아이러브 아침밥

아이러브 아침밥

펴낸날 초판 1쇄 2011년 11월 15일 | 초판 3쇄 2012년 6월 5일

지은이 김영빈

펴낸이 임호준
이사 이동혁 | **편집장** 김소중 | **책임 편집** 윤세미 | **편집** 윤은숙 장재순 나정애 김영혜 권지숙 이민주
디자인 이지선 왕윤경 | **마케팅** 강진수 이유빈 | **경영지원** 김의준 나은혜 | **e-비즈** 표형원 안수림 공명식 최승진

펴낸곳 비타북스 | **발행처** ㈜헬스조선 | **출판등록** 제2-4324호 2006년 1월 12일
주소 서울특별시 중구 태평로1가 61 | **전화** (02) 724-7636 | **팩스** (02) 722-9339
홈페이지 www.vita-books.co.kr | **블로그** blog.naver.com/vitabooks

사진 조은선 | **요리 어시스턴트** 노신영 박계리 윤지영

ⓒ 김영빈, 2011
사진 ⓒ ㈜헬스조선

이 책은 저작권법에 따라 보호를 받는 저작물이므로 무단 전재와 무단 복제를 금지하며,
이 책 내용의 전부 또는 일부를 이용하려면 반드시 저작권자와 ㈜헬스조선의 서면 동의를 받아야 합니다.

ISBN 978-89-93357-64-6 13590

• 책값은 뒤표지에 있습니다. 잘못된 책은 바꾸어 드립니다.

똑똑한 여우들의 **5분 아침밥** 전략

아이러브 아침밥

김영빈 지음

비타북스

 굿모닝! 세상의 모든 아침을 위하여~
〈아이 러브 아침밥〉으로 시작하세요!

살랑대는 레이스 커튼 사이로 비치는 아침 햇살, 은은하게 흐르는 감미로운 클래식 음악, 베드 테이블에 차려진 멋진 브런치, 예쁜 꽃 한 송이를 받고 감동하는 남편의 모습…. 하지만 잔뜩 부푼 신혼 생활의 꿈과 달리 현실은 '한 숟갈이라도 빨리 먹고 나가자!'는 생각 때문에 정신없는 풍경이 연출됩니다. 넥타이를 삐딱하게 맨 남편은 한 손에 신문, 한 손에 우유, 입에는 빵 한 조각을 물고 있고, 어린 딸은 눈도 채 뜨지 못하고 식탁 앞에서 졸기 일쑤죠. 하지만 30분 일찍 일어나 5분 만에 뚝딱! 한 상 차려내고 나면, 여유롭고도 평화로운 아침 풍경에 정신이 맑아집니다.

바쁜 일상 속에서 아침밥은 가족들이 유일하게 함께 모여 먹을 수 있는, 하루의 처음이자 마지막 끼니예요. 건강을 위해서 아침밥을 챙겨 먹는 것도 중요하지만, 가족 간의 유대와 사랑을 돈독하게 만들어주는 아침밥은 각박한 이 시대의 가정을 구원할 요리입니다. 아침밥을 먹는 아이가 안 먹는 아이에 비해 어휘력도 풍부하고 가족 간의 유대도 더욱 강하다는 연구 결과가 이를 뒷받침해주고 있어요.

하지만 이러한 아침밥의 장점에도 불구하고 아침밥을 안 먹는 이유는 바로 시간의 제약 때문일 겁니다. '한시가 바빠 죽겠는데, 밥은 무슨 밥이냐?' '점심, 저녁 거하게 먹으면 되겠지.'라는 생각만 하고, 빈속으로 집을 나서는 사람들. 바로 이러한 편견을 바로잡기 위해 5분, 10분만 투자해도 맛있고 든든한 아침밥을 차릴 수 있는 전략을 세웠답니다. 국과 반찬이 없어도 간이 맞고 퍽퍽하지 않은 부드러운 아침밥! 찬밥, 누룽지, 자투리 채소, 우유, 달걀 등 대한민국 모든 가정에 있는 냉장고 속 재료로 만든 착한 아침밥! 5분 만에 모든 조리가 끝나는 스피드 아침밥! 365일 먹어도 질리지 않은 다양한 아침밥! 제가 알고 있는 요리에 대한 모든 노하우로 세상의 모든 아침밥을 이 책 한 권에 담았습니다.

먹지 않던 아침을 오늘부터 당장 먹으라고 강요하는 것은 아닙니다. 하지만 잠을 떨쳐내고 일어난 뒤 허기진 배를 움켜쥘 여러분이 이 책으로 인해 좀 더 든든하고, 건강하고, 행복했으면 하는 바람입니다. 드르륵 갈아 후루룩 마시고 나갈 수 있는 스피드 아침밥, 찬밥과 누룽지로 만든 아침밥, 떡과 빵으로 만든 아침밥, 채소로 만든 건강한 아침밥, 여유로운 주말에 차려 먹을 수 있는 근사한 브런치까지…. 이 책을 100% 활용해서 여러분의 생활에 작은 보탬이 되기를 진심으로 바랍니다.

이 책이 나오기까지 귀여운 카리스마(?)로 저를 채찍질해준 윤세미 편집자님, 언제나 멋진 사진을 찍어주는 애처가 조은선 사진기자님, 요리와 스타일링을 도와준 고마운 노신영씨, 박계리씨, 윤지영씨에게 감사의 말을 전하고 싶습니다. 마지막으로 저의 실험적인 요리를 맛있게 먹어주는 소중한 현석씨와 민아양, 사랑합니다.

2011년 가을의 끝 무렵
아침밥 한 그릇으로 당신의 마음마저 따뜻해지길 바라며
김영빈

 Contents

Part 1 아침밥 기본기 다지기

- 아침밥 상식 CHECK! 아침밥을 꼭 먹어야만 하는 이유
- 장보러 가기 전 CHECK! 아침밥이 만만해지는 스피드 아이템
- 장보고 돌아온 뒤 CHECK! 아침밥이 만만해지는 재료별 스피드 손질법
- 냉장고에 넣기 전 CHECK! 아침밥이 만만해지는 스피드 냉장·냉동법
- 요리하기 전 CHECK! 숟가락·종이컵·손바닥 계량법
- 요리할 때 CHECK! 아침밥이 만만해지는 스피드 쿠킹 노하우
- 먹기 전, 먹고 난 뒤 CHECK! 아침밥상 차리기, 설거지 비법

Part 2 빠르게! 맛있는 스피드 아침밥

 26 단호박바나나밀크
 27 우유찬밥수프
 28 맛밤라떼
 29 과일연두부
 30 고구마검은콩두유
 31 닭고기옥수수수프
32 두부사과스무디
 33 볶은버섯연두부

 34 토마토누들수프
 35 감자비스킷수프
 36 수란양배추수프
 37 마배파우더드링크
 38 바나나현미포트
 39 멸치볶음연두부
 40 달걀드롭수프
 41 블루베리라씨

| 42 배추만두완탕 | 43 단팥두유 드링크 | 44 바나나 흑임자두유 | 45 버섯치즈수프 | 46 불고기연두부 | 47 미숫가루 두부밀크 |

수프에 곁들이는 식빵스틱 & 토르티야비스킷 48
우유에 말아 먹는 홈메이드 현미그라놀라 50

Part 3 든든하게! 찬밥과 누룽지로 만든 아침밥

| 54 자투리채소 우유죽 | 55 스피드전복 내장죽 | 56 시금치오차스케 | 57 5분굴밥 | 58 토핑찹쌀죽 | 59 피클참치주먹밥 | 60 누룽지잣땅콩죽 | 61 불고기 마요주먹밥 |

| 62 못난이주먹밥 | 63 누룽지 콩나물국밥 | 64 따뜻한 김치묵밥 | 65 무장아찌 미니김밥 | 66 오곡누룽지 눌은밥 | 67 된장양념밥꼬치 | 68 달걀버섯덮밥 | 69 채소겉절이 비빔밥 |

| 70 깨토핑반찬 주먹밥 | 71 젓갈밥샌드위치 | 72 깍두기뚝배기 볶음밥 | 73 멸치볶음지진밥 | 74 해장콩나물죽 | 75 해장김치 해물국밥 |

아침밥에 곁들이는 스피드 국 76
아침밥에 곁들이는 스피드 반찬 78

Part 4 간단하게! 떡과 빵으로 만든 아침밥

 82 세가지소스 떡꼬치
 83 인절미들깨 두유수프
 84 조랭이미역떡국
 85 절편샌드위치
 86 찰떡김말이구이
87 시루떡팥죽
 88 가래떡반찬구이
89 절편유자 미소구이

 90 햄치즈말이 떡꼬치
91 불고기떡샐러드
92 김치두부볶음 버거
93 삼색채소롤
 94 구운과일 샌드위치
 95 달걀모닝빵
 96 브로콜리 샌드위치
 97 토르티야귤 샐러드롤

 98 녹차크림치즈 베이글
99 사과햄크루아상
 100 애플시나몬 토스트
 101 치아바타핫도그
 102 스프레드 샌드위치
 103 크림치즈토스트

 Plus Recipe
빵에 발라 먹는 홈메이드 스프레드 104
직접 만들어 더 건강한 쌀가루 건강빵 106

Part 5 건강하게! 채소로 만든 아침밥

 110 옥수수버터구이
 111 옥수수샐러드
 112 아스파라거스 팟타이
 113 청경채새우 수제비
 114 채소치즈유부쌈
 115 시금치핫샐러드
 116 고구마닭고기 샐러드
 117 단호박오픈 오믈렛

| 118 고구마달갈스팀 | 119 완두콩 마리네이드 | 120 미역잔멸치 샐러드 | 121 감자애호박 옹심이 | 122 미트소스감자 | 123 오리엔탈대파 오믈렛 | 124 웨지감자고구마 | 125 딥해시브라운 |

| 126 치즈견과딥 스팀단호박 | 127 감자고구마 버무리 | 128 단호박식빵푸딩 | 129 버섯스크램블 | 130 시금치달걀 코코트 | 131 단호박퀵샐러드 |

Plus Recipe
채소에 곁들이는 데일리 드레싱 132
채소에 곁들이는 데일리 딥 134

Part 6 맛있게! 홈메이드 스타일 주말 브런치

| 138 시금치프리타타 | 139 해물파에야 | 140 스파이시 크로크무슈 | 141 모닝네기 스테이크 | 142 브로콜리 카레키쉬 | 143 치즈베이글 샌드위치 | 144 아스파라거스 크로스티니 | 145 피시앤칩스 |

| 146 새싹에그 베네딕트 | 147 베이비떡갈비 덮밥 | 148 라이스새우 케이크 | 149 건과일스콘 | 150 버섯볶음두부 스테이크 | 151 스위스로스티 | 152 연어샐러드 | 153 햄포테이토 그라탕 |

| 154 우에보스란체로 | 155 과일벨기에와플 | 156 터키식포크케밥 | 157 클래식팬케이크 | 158 와플브런치 | 159 루꼴라달걀탁틴 | 160 바나나생강 토스트 | 161 치즈마카로니 |

Plus Recipe 여유롭게 즐기는 세계일주 플래터 162

빠르게 쉽게 맛있게! 아침밥에 대한 새로운 생각

아침밥 기본기 다지기

건강한 생활에 있어서 필수 요소는 바로 아침밥입니다.
아침밥을 먹으면 건강해진다는 사실은 누구나 알고 있지만, 챙겨 먹기가 만만치 않죠.
밖에서 먹게 되는 점심, 저녁과 달리 집에서 챙겨 먹어야 하는 아침밥은
시간적인 제약 때문에 일반 요리와는 다른 전략적인 아이디어가 필요해요.
건강한 아침을 책임지는 아침밥에 대한 새로운 생각, 지금부터 시작합니다.

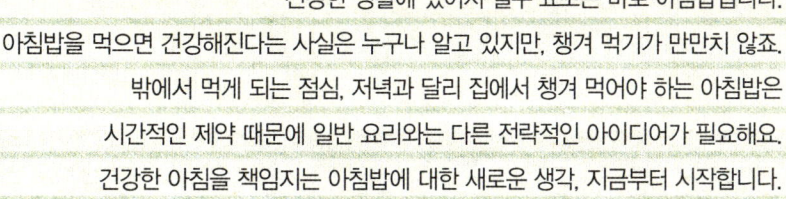

아침밥 상식
CHECK!

아침밥을 꼭 먹어야만 하는 이유

매일 다람쥐 쳇바퀴 돌듯 반복적인 생활을 하는 현대인들은 바쁜 일과에 쫓기다보니, '삼시세끼가 보약'이라는 말이 무색하게도 아침은 건너뛰기 일쑤예요. 하루 세 번의 식사가 모두 중요하긴 하지만 현대인들이 가장 챙겨 먹지 못하는 아침식사는 건강과 직결된 아주 중요한 끼니랍니다.

01 저녁이나 야식을 많이 먹은 다음 날엔 아침밥을 먹지 말아야 한다?

아침식사는 새로운 일과를 시작하는 활력소이자 밤새 몸속에 쌓인 노폐물과 독소를 해독해주는 역할을 해요. 전날, 저녁식사나 야식을 너무 많이 먹으면 몸속의 장기는 고칼로리 에너지와 노폐물들을 소화시키느라 휴식을 취하지 못하게 돼요. 그 상태에서 아침까지 먹지 않으면 밤새 일한 장기가 영양소를 공급받지 못해 무기력하고 피곤한 증상이 계속 누적됩니다.

02 아침밥을 걸러야 두뇌 회전이 빠르다?

아침밥을 먹으면 포만감 때문에 잠이 와서 일이나 학습의 능률이 떨어진다고 일부러 아침밥을 거르는 사람들이 있죠. 공복 상태의 뇌는 식욕중추에 흥분을 일으키는데, 그렇기 때문에 아침밥을 거르면 일이 잘된다고 착각하게 되는 거예요. 이것이 장기간 지속되게 되면 몸속에 남아 있는 포도당을 뇌가 사용하게 되어, 오히려 학습 능력과 지적 능력뿐만 아니라 인체의 다른 기능까지 저하되는 결과를 초래합니다. '체온을 높이면 건강해진다'는 말을 들어본 적이 있지요? 일본의 저명한 대체의학박사의 말처럼, 체온은 우리 몸의 모든 기능에 영향을 미칩니다. 자는 동안에는 뇌를 비롯한 모든 장기의 체온이 1℃ 정도 내려가게 되는데, 아침밥을 먹어 떨어진 체온을 높이지 않으면 우리 몸의 모든 기능이 원상태로 돌아오지 못하게 돼요.

03 아침밥을 먹으면 살이 찐다?

다이어트를 위해 아침밥을 거르는 사람도 있어요. 점심, 저녁으로 하루 두 끼만 먹으면 살이 빠질 것 같지만 오히려 몸무게는 불어나게 됩니다. 아침 공복이 길면 몸은 전날 저녁부터 다음 날 점심까지 약 15시간의 공복을 견뎌야 해요. 장기적인 아침 공복 상태는 몸에 '또 언제 굶을지 모르니 먹을 수 있을 때 많이 저장하자!'라는 신호를 보내죠. 그렇게 되면 점심, 저녁을 과식하게 되고 야식을 먹게 됩니다. 그렇게 몸속으로 들어온 에너지는 지방으로 축적돼서 나도 모르는 사이에 살이 쉽게 찌는 체질이 돼요. 날씬한 몸매를 자랑하는 미녀 스타들이 아침밥을 꼭 챙겨 먹는 이유, 이제 아시겠죠?

장보러 가기 전 CHECK!

아침밥이 만만해지는 스피드 아이템

장보기 전에는 어떤 식재료가 필요한지 알아야 필요한 재료를 빼놓고 사거나 이미 있는 재료를 또 사는 실수를 줄일 수 있어요. 전략적인 아침밥을 만들기 위해서 꼭 필요한 스피드 아이템부터, 조리 시간을 단축시켜주는 양념과 육수를 만드는 데 필요한 재료까지! 장보기 전 꼼꼼히 체크해보세요.

스피드 식재료

즉석밥
언제 어디서든지 갓 지은 따뜻한 밥이 필요할 때 요긴하게 사용할 수 있는 즉석밥이에요. 특히 햇반은 좋은 품질의 국산 햅쌀을 엄선하여 압력밥솥의 원리로 밥을 지었기 때문에 갓 지은 밥처럼 맛있어요. 햇반의 오곡밥, 발아현미밥, 흑미밥, 찰보리밥 등 다양한 제품도 활용해보세요.

누룽지
시판 누룽지는 뜨거운 물만 부으면 곧바로 먹을 수 있는 식재료예요. 흰쌀밥으로 만든 대부분의 시판 누룽지가 지겹다면 오곡밥, 보리밥, 콩밥 등 다양한 밥을 이용해 66쪽에 소개된 방식대로 홈메이드 누룽지를 만들어보세요.

인절미
인절미는 그대로 먹어도 맛있지만 굽거나 수프에 넣어 먹으면 밥을 먹은 것처럼 든든해요. 먹고 남은 인절미는 1회분씩 따로 담아 냉동해두세요.

가래떡 & 절편
굽거나 끓이거나 볶아 먹을 수 있는 가래떡, 절편은 밥을 대신할 수 있는 요긴한 아침밥 식재료예요.

식빵 & 모닝빵
식빵과 모닝빵은 밥보다 빵이 좋은 요즘 아이들을 위한 빠르고 맛있는 아침밥을 만들 수 있는 식재료예요. 직접 만든 빵을 먹고 싶다면 여유로운 주말에 106쪽에 소개된 홈메이드 건강빵을 만들어보세요.

달걀
완전식품인 달걀은 냉장고에 한두 개만 있어도 부드러운 스크램블, 든든한 오믈렛, 술술 넘어가는 달걀 수프 등 다양한 요리를 만들 수 있어요.

자연실록 닭가슴살통조림
청정한 환경에서 키운 자연실록 닭가슴살을 가공한 하림 무항생제 닭가슴살통조림은 몸짱, 얼짱을 위한 든든 아침 파트너입니다. 가공 과정에서 합성첨가물을 넣지 않았기 때문에 아이들에게 먹여도 안심할 수 있는 건강 식재료예요.

냉동 식재료
찌는 데 시간이 오래 걸리는 고구마, 단호박, 옥수수 등의 탄수화물 채소나, 미리 손질이 필요한 육류와 해산물, 거의 모든 요리에 들어가는 파, 마늘, 고추 등의 양념류는 여유로운 주말에 손질해서 냉동해두었다가 바쁜 아침에 사용하면 편리해요.

스피드 양념 & 우린 물

쌀눈유
항산화 작용에 도움을 주는 것으로 알려진 감마오리자놀 성분을 함유하고 있는 쌀눈유는 영양만점 아침밥을 만드는 데 필수 재료예요. '백설 고소한 쌀눈유'는 발연점이 높아 부침·구이·튀김·드레싱에 두루 사용할 수 있으며, 요리에 고소함을 더해주는 제품입니다.

시판 굴소스
굴을 숙성하여 만든 굴소스는 해산물의 깊은 맛과 감칠맛을 내는 데 유용한 양념이에요. 특히 볶음 요리에 넣으면 더욱 맛있답니다.

시판 발사믹크림이나 시판 발사믹소스
발사믹식초를 조려 만든 발사믹크림이나 발사믹소스는 브런치나 양식 아침밥 요리에 곁들이면 색다른 풍미를 더해줍니다.

홈메이드 토마토소스
올리브유 1큰술을 두른 팬에 다진 양파 1/4개분, 다진 마늘 1큰술을 볶아 향을 내요. 그 팬에 으깬 완숙토마토 3개를 넣고 끓여 소금 1/2작은술과 후추를 약간 넣어 간하세요. 다 끓여진 토마토소스는 꺼내서 체에 내려 건더기를 걸러낸 뒤 냉동보관해주세요. 기호에 따라 다진 바질이나 오레가노를 넣고 끓여도 좋아요. 냉동하지 않고 냉장보관할 때는 소독한 병에 담아 2주 정도 보관이 가능해요.

홈메이드 맛간장
간장 1컵, 물 1/2컵, 청주 1/2컵, 대파 1대, 양파·사과·배 1/4개씩, 설탕 3큰술을 냄비에 넣은 뒤 중불에서 반 정도 졸아들 때까지 끓여 소독한 병에 담아주세요. 겨울에는 실온에서, 여름에는 냉장실에 1달 정도 보관이 가능해요.

다시마 우린 물
다시마 5×5cm 크기 1장에 물 2컵 정도의 비율이 적당해요. 냄비에 다시마와 물을 넣고 중불로 물이 끓어오르기 직전까지 끓여 체에 거르거나, 전날 밤에 차가운 물에 넣고 불려 아침에 사용하세요. 다시마 우린 물은 국이나 찌개, 수프 등의 요리에 다양하게 사용할 수 있어요.

멸치 다시마 우린 물
다시마 5×5cm 1장에 국물용 중 멸치 10마리 정도, 물 3컵 정도의 비율이 적당해요. 내장을 제거한 멸치를 아무것도 두르지 않은 냄비에 달달 볶은 후 다시마와 물을 부어 중불로 물이 끓기 직전까지 끓여 체에 거릅니다. 멸치 다시마 우린 물은 해장용 국이나 찌개, 수제비나 칼국수 등의 요리에 다양하게 사용할 수 있어요.

닭고기 우린 물
치킨스톡 1개에 물 1과 1/2컵 정도의 비율이 적당해요. 시판 큐브형 스톡을 이용하면 번거롭게 닭을 통째로 삶은 뒤 건져내 육수를 낼 필요가 없어요. 보통 닭고기맛을 많이 이용하지만 쇠고기맛도 있으니 기호에 맞게 골라서 사용하세요.

아침밥이 만만해지는 스피드 재료 손질법

5분 만에 먹기도 힘든데, 어떻게 5분 만에 아침밥을 요리하는 건지 궁금하다고요? 5분 만에 아침밥 준비를 뚝딱 끝마칠 수 있는 비밀은 대단한 조리도구나 식재료에 있는 게 아니에요. 사온 식재료를 냉장고에 넣기 전에 어떻게 손질하느냐에 따라 같은 요리를 만드는 데도 10분 이상 차이가 난답니다.

채소

잎채소는 씻지 말고 1회분씩 키친타월에 돌돌 말아 냉장하세요.

시금치, 깻잎, 상추, 치커리 등의 잎채소는 사오자마자 1회분씩 키친타월에 돌돌 말아서 비닐봉지나 밀폐용기에 넣고 세워서 보관하세요. 하지만 일주일 안에 먹어야 비타민과 무기질 소모가 없고 물러서 버리는 일도 없으니, 장볼 때 꼭 일주일 치 이하로만 구입하세요.

감자, 고구마, 단호박, 옥수수는 쪄서 냉동하세요.

감자, 고구마, 단호박, 옥수수 등 익는 데 시간이 걸리는 채소들은 사오자마자 껍질째 잘 씻은 뒤 쪄서 냉동하면 바쁜 아침에 유용하게 사용할 수 있어요.

양념용 채소는 용도별로 다르게 썰어 냉장·냉동하세요.

대파는 씻지 말고 키친타월로 닦아 길게 2~3등분하여 다진 파, 송송 썬 파, 채썬 파 등으로 손질해두세요. 금방 먹을 것은 냉장실, 오래 두고 먹을 것은 냉동실에 얼려주세요. 마늘은 편썬 마늘, 굵게 다진 마늘, 곱게 다진 마늘로 구분해 1회분씩 랩핑하여 냉동실에 얼려주세요. 생강은 다진 생강, 간 생강, 채썬 생강, 편썬 생강으로 구분해 냉동실에 보관하세요. 양념용 채소는 부피가 크지 않으므로 작은 밀폐용기를 사용하는 것이 편해요.

콩은 미리 깐 뒤 데쳐서 냉동하세요.

콩은 미리 껍질을 까서 소금물에 부드럽게 데쳐주세요. 데친 콩은 1회분씩 포장해 냉동하는 것이 좋아요. 얼린 콩은 해동하지 않고 언 상태에서 바로 조리해야 쪼글쪼글해지지 않아요.

브로콜리, 아스파라거스는 미리 데쳐서 냉장·냉동하세요.

냉장고에 오래 보관하면 쓴맛이 나는 아스파라거스나, 노란 꽃이 펴서 식감이 떨어지는 브로콜리는 사오자마자 먹기 좋게 손질한 뒤 끓는 물에 데쳐 1회분씩 냉장하거나 냉동해두세요.

육류, 생선류, 빵 등

육류는 용도별로 날짜와 이름을 써서 냉장·냉동하세요.

사온 고기는 가장 신선할 때 볶음용, 구이용, 찌개용 등으로 구분해서 랩핑한 뒤 보관 날짜와 이름을 써서 냉장하거나 냉동해두세요. 이렇게 보관하면 마트에 자주 가지 않아도 신선한 고기 요리를 먹을 수 있어요.

오징어는 껍질을 벗긴 뒤 잔칼집을 넣어 냉동해요.

오징어는 잔칼집을 넣고 한입 크기로 자른 뒤 1회분씩 랩핑하여 냉동하세요. 요리하기 전날 저녁에 냉장고로 옮겨두거나 봉지째 찬물에 담가 해동하면 바로바로 사용할 수 있답니다.

빵이나 떡은 말랑한 상태로 냉동하세요.

빵이나 떡은 말랑한 상태일 때 1회분씩 랩핑해서 냉동해두세요.

아침밥이 만만해지는 재료별 스피드 냉장·냉동법

수업을 하다보면 수강생들에게 냉장고에 대한 고민을 많이 듣곤 해요. 우리집 냉장고가 창고처럼 느껴지는 이유는, 평소 구입한 식재료를 아무런 손질 없이 아무 곳에나 마구 넣어 놓기 때문이에요. 냉장고를 백배 활용하면 아침식사뿐만 아니라 평소 다른 요리를 할 때도 많은 시간을 단축시킬 수 있답니다.

냉장법

현미나 콩 등 잡곡은 냉장고에 넣고 불려요.

불리는 시간이 오래 걸리는 현미나 콩 같은 잡곡은 물을 부어서 냉장고에 넣어두었다가 아침에 일어나서 사용하면 상하지 않고 깔끔하게 불어서 편리해요. 쌀국수도 전날 밤에 미리 물에 담가두면 편리하게 사용할 수 있어요.

북어포는 물을 뿌려 냉장해요.

북어포는 스프레이로 물을 살짝 뿌린 뒤 랩을 씌워 냉장고에 넣어두면 아침에 일어나서 부드러운 북엇국을 끓일 수가 있어요.

말린 버섯이나 다시마는 찬물에 담가 냉장고에 하룻밤 넣어두어요.

버섯이나 다시마를 찬물에 담가 냉장고에 넣어두면 상하지 않고 잘 불어요. 또 국물은 육수로 사용할 수 있어 좋아요.

고기, 생선은 손질해서 밑간한 뒤 냉장해요.

고기나 생선은 미리 손질해서 살짝 밑간한 뒤 냉장해두세요. 바쁜 아침에 조리 시간을 단축할 수 있어 좋아요.

냉동법

양념육은 1/2 정도 조리한 뒤 냉동해요.
완자나 떡갈비, 불고기 등의 양념육은 그대로 냉동하거나 양념해서 냉동하거나 한 번 익혀서 냉동할 수 있어요. 익혀서 냉동하는 것이 시간을 단축할 수 있는 가장 좋은 방법이지만, 70% 정도만 익혀서 냉동해야 해동해서 조리했을 때 육질이 질겨지지 않아요.

찐 탄수화물 채소는 용도별로 손질해서 냉동해요.
찐 고구마, 찐 단호박, 찐 감자는 통째로 냉동해두면 해동하는 시간이 오래 걸려요. 쪄둔 탄수화물 채소는 깍둑썰거나 초승달 모양으로 썰거나 으깨서 용도별로 1회분씩 냉동해두세요. 해동과 요리 시간을 한 번에 단축할 수 있어요.

완숙 토마토는 껍질을 벗겨 슬라이스하거나 체에 내려 냉동해요.
너무 오래 보관해 물러지기 직전의 완숙 토마토는 껍질을 벗겨 슬라이스하거나 체에 내려 퓌레, 토마토소스 등으로 만들어 냉동해두세요. 음식물 낭비도 줄일 수 있고, 손질하고 만드는 시간을 줄일 수 있어요.

버섯은 볶아서 냉동해요.
물러지기 쉬운 버섯은 볶은 뒤 1회분씩 랩핑하여 냉동해뒀다 해동하면 곧바로 먹을 수 있을 뿐만 아니라 음식물 낭비도 줄일 수 있어요.

미역이나 말린 나물은 미리 불려서 냉동해요.
불리는 시간이 오래 걸리는 미역이나 말린 나물은 미리 불린 뒤 1회분씩 냉동해두세요. 해동해서 사용하면 불리는 시간을 줄일 수 있어요.

찹쌀죽이나 밥은 넉넉히 만들어서 냉동해요.
찹쌀죽이나 손이 많이 가는 영양밥은 한 번 만들 때 넉넉히 만들어 1회분씩 담아 냉동해두었다가 해동하면 밥 짓는 시간을 줄일 수 있어요.

숟가락·종이컵·손바닥 계량법

'계량스푼, 계량컵, 저울이 없이 정확한 요리를 할 수 있을까?'라는 걱정이 든다면 아래의 계량법을 꼭 읽어보세요. 이 책의 모든 레시피는 숟가락·종이컵·손바닥 계량법을 사용하여, 번거롭고 어려운 계량법을 간단하고 쉽게 만들었어요.

숟가락 계량법

계량스푼 대신 대한민국 가정에 꼭 있는 밥숟가락을 사용한 계량법입니다.

가루 재료 1작은술
5cc 정도의 분량으로, 1/3 정도만 소복하게 채워주세요.

액체 재료 1작은술
5cc 정도의 분량으로, 1/3 정도만 찰랑찰랑하게 채워주세요.

점성이 있는 재료 1작은술
5cc 정도의 분량으로, 1/3 정도만 소복하게 채워주세요.

가루 재료 1/2큰술
10cc 정도의 분량으로, 1/2 정도만 소복하게 채워주세요.

액체 재료 1/2큰술
10cc 정도의 분량으로, 1/2 정도만 찰랑찰랑하게 채워주세요.

점성이 있는 재료 1/2큰술
10cc 정도의 분량으로, 1/2 정도만 소복하게 채워주세요.

가루 재료 1큰술
15cc 정도의 분량으로, 가득 차도록 소복하게 채워주세요.

액체 재료 1큰술
15cc 정도의 분량으로, 가득 차도록 찰랑찰랑하게 채워주세요.

점성이 있는 재료 1큰술
15cc 정도의 분량으로, 가득 차도록 소복하게 채워주세요.

종이컵 계량법

계량컵 대신 일반 종이컵을 사용한 계량법입니다.

가루 재료 1/2컵
종이컵을 절반만 채운 정도로, 박력밀가루의 경우 60g입니다.

가루 재료 1컵
종이컵을 꽉 채운 정도로, 박력밀가루의 경우 120g입니다.

액체 재료 1/2컵
종이컵을 절반만 채운 정도로, 100cc입니다.

액체 재료 1컵
종이컵을 꽉 채운 정도로, 200cc입니다.

손바닥 계량법

이 책에서 가장 많이 사용하는 재료의 분량입니다. 손바닥 위에 재료를 올려두고 크기와 무게를 가늠해보세요.

누룽지 손바닥 크기
얇게 편 누룽지가 손바닥을 다 가릴 정도의 크기입니다.

고구마 중간 크기
껍질을 벗기지 않은 140~150g의 고구마입니다.

감자 중간 크기
껍질을 벗기지 않은 140~150g의 감자입니다.

브로콜리 1/3개
밑동을 자르지 않은 브로콜리 100g입니다.

피망 1/4개
꼭지를 따지 않은 채 씨를 제거한 피망 30g입니다.

양파 1/4개
겉껍질을 깐 양파 40g입니다.

콩나물, 시금치 1줌
콩나물 1봉지의 1/3인 100g입니다. 시금치 1단의 1/4인 100g입니다.

밥 1공기
집에 있는 일반 밥공기 크기입니다. 밥 대신 즉석밥을 사용하는 경우, 밥 1공기 분량은 즉석밥 1개 분량(210g)과 동일합니다.

아침밥이 만만해지는 스피드 쿠킹 노하우

요리할 때 CHECK!

요리 실력이 부족하다고 해서 빠르고 맛있는 요리를 만들지 못한다는 편견은 버리세요. 친정엄마도 인터넷도 알려주지 않은 몇 가지 포인트만 알면 요리 초보도 얼마든지 프로처럼 요리할 수 있답니다. 프로에게는 사소하지만, 초보에게는 큰 도움이 될 스피드 쿠킹 노하우! 따라 하기만 해도 아침밥 요리가 한결 여유로워져요.

칼이나 도마 대신 가위를 자주 사용해요.
가위를 사용해 재료를 썰거나 자르면 칼이나 도마를 사용해서 조리할 때보다 10분 정도의 시간을 단축할 수 있어요.

달구지 않은 팬에 식용유를 두르고 향신채소와 함께 나머지 재료를 볶아내요.
파나 마늘 등으로 향을 낸 뒤 재료를 볶지 않고, 모든 재료를 한꺼번에 볶아서 사용하면 7~8분 정도의 시간을 줄일 수 있어요. 이때 잘 물러지는 잎채소나 오래 익히면 질겨지는 해물은 나중에 넣으세요.

다시마와 주재료를 한 번에 넣고 끓이기 시작해요.
육수를 낼 시간이 없다면 다시마나 버섯, 멸치 같은 국물내기 재료와 채소나 해산물을 한꺼번에 넣고 끓이세요. 체에 거를 필요도 없고 맛은 한결 살아납니다.

고형 스톡이나 국물용 양념으로 국물을 내요.
바쁜 아침에는 고형 스톡이나 국, 찌개용 양념으로 스피드 맛국물을 만들어보세요.

냉동해둔 국은 녹이지 않고 바로 끓여요.
얼린 국이나 육수는 해동할 필요 없이 냄비에 넣고 바로 끓이면 10분 정도의 시간을 단축할 수 있어요.

미리 만들어둔 드레싱이나 양념장을 적극 활용해요.
드레싱이나 양념장을 미리 만들어두면 10분 정도의 시간을 단축할 수 있어요.

아침밥상 차리기, 설거지 비법

먹기 전, 먹고 난 뒤 CHECK!

한국 요리는 밥, 반찬, 국으로 이루어지는 찬품문화이기 때문에 한 접시에 여러 요리를 덜어 먹는 양식에 비해 상차리기와 설거지에 많은 시간이 듭니다. 같은 요리를 만들어도 더 간단하게 처리할 수 있는 비밀, 먹기 전 상차리기와 먹고 난 뒤 설거지를 후다닥 끝낼 수 있는 비밀을 공개합니다.

예쁜 유리 용기나 볼을 이용해 바로 버무리고 그냥 상에 올려요.

샐러드나 무침은 예쁜 유리 용기나 볼을 이용하면 바로 버무려 상에 올릴 수 있어요. 설거지도 줄고 조리 시간도 단축돼요.

프라이팬이나 냄비에서 바로 양념해 볶고 조려요.

양념육이나 채소볶음은 프라이팬이나 냄비에서 바로 양념한 뒤 볶거나 조리면 버무리는 볼이나 양념볼을 사용하지 않아 훨씬 편해요.

쿠킹호일이나 실리콘 시트지를 활용해요.

쿠킹호일이나 실리콘 시트지를 프라이팬에 깔고 조리하면 팬을 씻을 필요가 없어요.

예쁜 뚝배기나 무쇠솥을 이용해 조리와 서빙을 한 번에 해요.

뚝배기나 무쇠솥은 요리를 한 뒤 바로 상에 낼 수 있어 조리 시간이 단축되고 설거지가 간단해요. 또 요리가 금방 식지 않아요.

조금 큰 접시나 식판을 준비해 한 그릇에 담아내요.

칸이 나누어진 식판이나 큰 접시에 요리를 조금씩 담아 브런치처럼 먹으면 설거지도 줄어들고 브런치를 즐기는 기분도 나요.

스크램블이나 오믈렛을 만들 때 달걀은 팬에 바로 깨어 흩트려 익혀요.

스크램블이나 오믈렛을 만들 때 달걀은 볼에 따로 깨어 넣지 말고 팬에 깨뜨려 넣고 바로 요리하면 설거지가 줄어요.

바쁜 아침, 드르륵 갈아서 한 번에 후루룩~

빠르게! 맛있는 스피드 아침밥

'씻고 화장하고 옷 입을 시간도 없는데
어떻게 아침밥을 먹고 나가라는 거야?'라는 생각이 든다면, 여기를 주목하세요!
5분 만에 뚝딱, 간단하게 차릴 수 있는 아침밥이 가득합니다.
텀블러에 담아 후루룩 마시면서 나갈 수 있는 아침밥부터
부드럽고 든든한 수프까지, 진정한 스피드 요리를 소개합니다.

Part 2

단호박바나나밀크

단호박은 일단 잘라내면 수분이 많아 그대로 보관하기 힘들어요. 단호박을 부드럽게 찐 뒤 용도에 맞게 손질하여 냉동실에 보관하면 요긴한 아침식사 재료로 사용할 수 있답니다.

재료
찐 단호박 1/6개, 바나나 1개, 우유 1과 1/2컵

이렇게 만들어요

01 단호박과 바나나를 큼직하게 깍둑썰어 믹서에 넣는다.
02 깍둑썬 단호박과 바나나를 넣은 믹서에 우유를 붓고 곱게 간다.

Cooking Point
- 바나나 대신 파인애플을 넣으면 상큼한 음료가 완성됩니다.
- 우유 대신 두유를 넣어서 갈면 우유를 잘 소화시키지 못하는 사람이나 채식주의자들도 든든하게 즐길 수 있어요.

우유찬밥수프 5분

아침밥을 먹지 않다가
어느 날 아침밥을 먹으면
속이 거북하다는 사람들이 꽤 있어요.
우유와 찬밥을 넣고 부드럽게 끓여낸
우유찬밥수프는 소화도 잘되고
속도 든든한 아침 메뉴입니다.
48쪽에 소개된 식빵스틱을 곁들이면
더욱 든든하고 맛있게 즐길 수 있어요.

재료
찬밥 1/2공기, 양파 1/4개, 마늘 2알, 물 1과 1/2컵, 우유 1컵, 올리브유 2작은술

이렇게 만들어요
01 양파와 마늘은 곱게 다진다.
02 냄비에 올리브유를 두르고 다진 양파와 마늘을 볶아 향을 낸다.
03 찬밥은 물, 우유와 함께 믹서에 곱게 갈아 2의 냄비에 넣는다.
04 주걱으로 저어가며 농도가 생기게 끓인다.

Cooking Point
- 양파와 마늘을 볶아 향을 낸 다음 밥과 우유 간 것을 넣고 끓이면 밥에 양파와 마늘의 향이 배어 풍미가 좋아져요.
- 음료처럼 한 번에 마시고 싶다면 양파와 마늘을 볶아 향을 내서 밥, 물, 우유를 넣고 끓인 뒤 믹서에 넣고 드르륵 갈아내세요.

맛밤라떼

밤은 건피 과일 중 비타민과 칼슘이 제일 풍부한 식재료예요. 또 조금만 먹어도 속이 든든하고 칼로리가 낮아 다이어트를 생각하는 사람들의 아침 식재료로 아주 좋아요.

재료
맛밤 1/2컵, 우유 1컵, 계피가루 적당량

이렇게 만들어요
01 맛밤과 우유를 믹서에 넣고 곱게 간다.
02 곱게 간 맛밤과 우유를 냄비에 넣고 거품기로 저어가며 살짝 데운다.
03 따뜻하게 데워지면 컵에 담고 기호에 따라 계피가루를 뿌린다.

Cooking Point
• 맛밤을 갈면 녹말 성분이 가라앉아 데우는 과정에서 타기 쉬우므로 거품기로 저어가며 데워주세요. 부드러운 우유 거품도 함께 생겨 더욱 좋아요.

과일연두부 (8분)

빈속에 산도가 높은 과일을
많이 먹으면 위산 분비로 인해
속이 쓰리거나 폭식을 할 수 있어요.
담백한 연두부와 과일을 함께 먹으면
속도 보하고 미용도 챙길 수 있답니다.

재료
연두부 1모, 과일 1컵(파인애플, 키위, 자몽 등), 양상추 1장
요구르트소스 떠먹는 플레인요구르트 1개, 레몬즙 1큰술, 꿀 1작은술, 소금·후추 약간씩

이렇게 만들어요
01 연두부는 팩에서 꺼내 키친타월로 감싸 수분을 제거한다.
02 과일은 껍질을 벗기고 한입 크기로 썬다.
03 양상추는 한입 크기로 뜯어 찬물에 담갔다 건진다.
04 분량의 **요구르트소스** 재료를 섞어 요구르트소스를 만든다.
05 수분을 제거한 연두부 위에 한입 크기의 양상추와 과일을 올리고 요구르트소스를 뿌린다.

Cooking Point
- 요구르트소스를 만들 때는 소금과 후추를 약간 넣어야 연두부와 버무려 먹었을 때 간이 고루 잘 맞아요.

고구마검은콩두유

5분

아이들이 먹다 남긴 고구마나
찐 지 오래된 고구마를
검은콩두유와 함께 갈아서 마셔보세요.
남아도는 찐 고구마를
아낌없이 활용할 수 있고
만들기도 간단하며
맛도 훌륭한 음료가 완성됩니다.

재료
찐 고구마 1개, 검은콩두유 1과 1/2컵

이렇게 만들어요
01 찐 고구마는 껍질째 큼직하게 깍둑썬다.
02 깍둑썬 고구마와 검은콩두유를 믹서에 넣고 곱게 간다.

Cooking Point
• 고구마는 잘 씻어 껍질째 먹어야 카로틴과 칼륨을 섭취할 수 있어요.

닭고기옥수수수프

⏰ 15분

닭가슴살과 옥수수 손질이
번거롭게 느껴진다면
시판 제품을 100% 활용해보세요.
고단백 저칼로리의 담백한 닭가슴살과
옥수수의 단맛이 어우러져
어른들도 아이들도 모두 좋아하는
아침식사 메뉴가 탄생합니다.

재료

닭가슴살통조림 1캔(또는 닭가슴살 1쪽), 옥수수통조림(또는 냉동 옥수수알) 1/3컵, 달걀흰자 1개분, 송송 썬 쪽파 2작은술, 다진 파 1작은술, 다진 마늘 1/2작은술, 다진 생강 1/4작은술, 다시마 우린 물 2컵, 녹말물(녹말가루 1큰술, 물 1큰술), 쌀눈유 1작은술, 소금·후추·참기름·참깨 약간씩

이렇게 만들어요

01 옥수수통조림은 체에 밭친 뒤 끓는 물을 끼얹어 물기를 뺀다.
02 물기를 뺀 옥수수와 다시마 우린 물을 믹서에 넣고 옥수수 알갱이가 반쯤 으깨질 때까지 간다.
03 냄비에 다진 파, 다진 마늘, 다진 생강, 쌀눈유를 넣고 향이 나게 볶는다.
04 채소가 볶아지면 닭가슴살통조림을 넣고 살짝 볶은 뒤 2를 넣고 끓인다.
05 끓어오르면 불을 줄이고 달걀흰자를 풀어 빙 둘러 넣는다.
06 달걀흰자가 익으면 녹말물을 넣어 농도를 맞춘 뒤 소금과 후추로 간하고 참기름과 송송 썬 쪽파, 참깨를 뿌린다.

Cooking Point

- 채소의 향이 배어난 기름에 닭가슴살을 볶으면 누린내가 나지 않고 풍미가 좋아져요.
- 녹말물은 녹말가루가 잘 가라앉으므로 사용 직전에 잘 저어서 넣어주세요.

두부사과스무디

'아침에 사과를 하나씩 먹으면 의사를 멀리할 수 있다'는 서양 속담이 있어요. 아침에 먹는 사과는 몸에 활력을 줘서 하루를 가쁜하게 시작할 수 있게 도와준답니다.

재료
연두부 1/3모, 사과 1/2개, 우유 1컵, 얼음 1/3컵, 꿀 약간

이렇게 만들어요
01 연두부는 큼직하게 깍둑썬다.
02 사과는 씨를 제거하고 껍질째 깍둑썬다.
03 깍둑썬 연두부와 사과, 우유와 얼음을 믹서에 넣고 곱게 간 뒤 꿀을 곁들인다.

Cooking Point
- 사과 껍질에는 장 건강에 좋은 '팩틴'이 풍부하게 들어 있기 때문에 껍질째 잘 씻어 과육과 함께 먹는 것이 건강에 좋아요.

볶은버섯연두부

쫄깃한 버섯과 부드러운 연두부를
함께 먹고 나면 바쁜 업무로 점심을
제때 챙기지 못해도 속이 허하지 않아요.
연두부를 부드럽게 으깨
녹말물을 넉넉하게 넣고 볶으면
밥 위에 올려 덮밥처럼 먹을 수도 있어요.

재료

연두부 1모, 애느타리버섯 1/4팩(50g), 팽이버섯 1/4 봉지, 생 표고버섯 1개, 양파 1/4개, 송송 썬 쪽파 1 작은술, 녹말물(녹말가루 1큰술, 물 1큰술), 쌀눈유 2 작은술, 굴소스 1작은술, 소금·후추·통깨 약간씩

이렇게 만들어요

01 연두부는 키친타월로 감싸 수분을 제거한다.
02 애느타리버섯과 팽이버섯은 밑동을 잘라내고 가닥을 나눈다. 생 표고버섯과 양파는 곱게 채썬다.
03 달군 팬에 쌀눈유를 두르고 손질한 버섯과 채썬 양파, 소금, 후추를 넣어 볶는다.
04 3에 굴소스를 넣고 간이 배일 때까지 볶다가 녹말물을 풀어 넣는다.
05 수분을 제거한 연두부 위에 볶은 버섯을 올리고 송송 썬 쪽파와 통깨를 뿌린다.

> **Cooking Point**
> • 버섯은 기름을 잘 흡수하기 때문에 볶을 때 팬에 기름을 최대한 적게 두르는 게 좋아요. 또 소금과 후추를 살짝 뿌려 볶으면 숨이 빨리 죽어 기름 사용량을 줄일 수 있어요.

15분 토마토누들수프

토마토수프는 감기에 걸렸을 때 미국 사람들이 즐겨 먹는 메뉴예요. 보통은 스파게티면을 넣어 먹는데, 질긴 스파게티면은 아침으로 먹기에 소화도 안 되고 익는 시간도 길다는 단점이 있죠. 스파게티면 대신 소면을 넣었더니 맛과 간편함을 동시에 갖춘 토마토누들수프가 완성됐답니다.

재료
완숙 토마토 1개, 소면 20g, 닭가슴살 1/2쪽, 양파 1/4개, 다진 마늘 1작은술, 다시마 우린 물 2컵, 토마토케첩 1큰술, 청주 2작은술, 소금·후추 약간씩

이렇게 만들어요

01 토마토는 끓는 물에 데쳐 껍질을 벗기고 한입 크기로 깍둑썬다.
02 닭가슴살은 한입 크기로 썰고 양파는 굵직하게 다진다.
03 달군 냄비에 굵직하게 다진 양파와 다진 마늘을 볶아 향을 낸 뒤 한입 크기로 썬 닭가슴살과 청주, 토마토케첩을 넣고 달달 볶는다.
04 닭가슴살이 익으면 다시마 우린 물을 붓고 한소끔 끓인다.
05 한소끔 끓으면 한입 크기로 깍둑썬 토마토를 넣고, 다시 한소끔 끓인 뒤 소면을 잘게 부숴 넣고 소금과 후추로 간한다.

Cooking Point
• 토마토홀이나 소스를 사용하면 신맛을 없애기 위한 조리 시간이 길어진다는 단점이 있어요. 단맛과 신맛이 적당히 섞인 케첩을 사용하면 조리 시간이 단축된답니다.

감자비스킷수프

⏰ 5분

미리 손질해서 쪄 놓은 감자나 고구마, 단호박만 있으면
간단하고 든든한 수프를 만들 수 있어요.
먹다 남은 찐 감자나 찐 고구마를 이용하면,
남아도는 감자와 고구마를 맛있게 해결할 수 있답니다.

재료
찐 감자 1개(또는 찐 고구마 1개나 찐 단호박 1/4개), 솔트비스킷 2개, 양파 1/4개, 우유 2컵, 올리브유 1작은술, 소금·후추 약간씩

이렇게 만들어요

01 감자는 큼직하게 깍둑썰고 양파는 곱게 채썬다.
02 달군 냄비에 올리브유를 두르고 깍둑썬 감자와 채썬 양파를 노릇하게 볶는다.
03 감자와 양파가 다 볶아지면 우유와 함께 믹서에 넣고 곱게 간다.
04 곱게 갈아지면 다시 냄비에 부어 한소끔 끓인 뒤 소금, 후추로 간하고 솔트비스킷을 잘게 부숴 올리거나 곁들인다.

Cooking Point

- 감자, 고구마, 단호박을 찔 때는 영양가가 많은 껍질을 벗기지 않고 그대로 찌는 것이 좋아요. 채소의 껍질에는 나트륨 밸런스를 조절하는 칼륨과 비타민A, 비타민C 등이 풍부하게 들어 있답니다.

5분 수란양배추수프

다이어트와 건강을 위해
아침에 먹는 생 채소는
빈속에 먹기에는 좀 곤욕스럽죠.
양배추를 부드럽게 끓여
부드러운 반숙과 함께 먹는
수란양배추수프 한그릇이면
하루 종일 속이 편안해요.

재료
달걀 1개, 양배추 1/4통, 양파 1/4개, 당근 1/6개, 마늘 1알, 멸치 다시마 우린 물 2컵, 국간장 1작은술, 참기름 약간
토핑 다진 파·다진 단무지·통깨 약간씩

이렇게 만들어요

01 양배추, 양파, 당근, 마늘은 곱게 채썬다.
02 냄비에 채썬 채소와 국간장을 넣고 달달 볶는다.
03 채소가 말갛게 익으면 멸치 다시마 우린 물을 넣고 끓인다.
04 끓어오르면 불을 줄인 뒤 달걀을 깨뜨려 넣고 반숙으로 익힌다.
05 불을 끄고 참기름을 살짝 떨어뜨린 뒤 분량의 **토핑** 재료를 올린다.

Cooking Point
• 채소를 볶을 때 국간장을 살짝 넣으면 채소에 밑간도 되고 풍미도 좋아져요.
• 달걀을 넣을 때 불이 너무 세면 달걀이 풀어져서 국물이 탁해지므로 불을 꼭 줄여주세요.

마배파워드링크

⏰ 15분

마는 비장·위장 기능을 좋게 하고
기력을 돋우는 데 도움을 주는
건강 식재료예요.
생으로 먹거나 익혀 먹으면
든든하고 배부른
아침 요깃거리가 된답니다.

재료
장마 70g(보통 굵기 5cm 정도), 배 1/4개, 우유 1컵

이렇게 만들어요
01 마는 껍질을 벗기고 잘 씻어 깍둑썬다.
02 배는 껍질을 벗기고 씨를 제거한 뒤 깍둑썬다.
03 믹서에 깍둑썬 마와 배, 우유를 넣고 곱게 간다.

Cooking Point
- 마와 배를 함께 갈면 배의 석세포 때문에 마의 끈끈함이 없어져서 먹기도, 만들기도 수월하답니다.

바나나현미포트

세계 최대의 판매 부수를 자랑하는 타임지의 경쟁 제품이 무엇인지 아세요? 어떤 유명한 신문도 아닌 바로 바나나예요. 바나나에 홈메이드 현미그라놀라와 요구르트를 섞으면 타임지를 뛰어넘는 베스트셀러 아침식사가 완성됩니다.

재료
바나나 1개, 홈메이드 현미그라놀라 1/2컵(50쪽 참고), 떠먹는 플레인요구르트 1개, 레몬즙 1작은술, 꿀 약간

이렇게 만들어요
01 바나나는 껍질을 벗겨 도톰하게 어슷썬 뒤 레몬즙에 버무려둔다.
02 입구가 넓은 컵에 홈메이드 현미그라놀라를 넣은 뒤 레몬즙에 버무려둔 바나나와 플레인요구르트를 올리고 꿀을 뿌린다.

01

Cooking Point
• 바나나에는 산화 효소가 있어서 잘라두면 갈변되어 식감을 떨어뜨려요. 하지만 레몬즙에 버무려두면 시간이 지나도 색이 변하지 않는답니다.

멸치볶음연두부

'밭에서 나는 쇠고기'라 불리는 콩.
콩으로 만든 두부는 단백질 소화 흡수량이
콩보다 높을 뿐만 아니라
포만감도 오래가서 아침에 먹으면 좋아요.
두부 위에 멸치볶음을 올리면
모양도 맛도 일품인 초간단 아침식사를
즐길 수 있어요.

재료
연두부 1모, 잔멸치 4큰술, 다진 견과류 1큰술, 참기름·간장·조청 1작은술씩, 통깨 약간

이렇게 만들어요
01 연두부는 팩에서 꺼내 키친타월로 감싸 수분을 제거한다.
02 팬에 참기름을 두르고 잔멸치와 다진 견과류를 넣어 볶는다.
03 2에 간장과 조청을 넣고 간이 배이게 볶은 뒤 통깨를 흩뿌린다.
04 수분을 제거한 연두부 위에 볶은 잔멸치를 올린다.

Cooking Point
- 연두부는 키친타월이나 면보로 감싸두면 간수가 빠져 탄력이 생기고 맛이 더욱 고소해져요.
- 토핑으로 올릴 잔멸치는 조금 짭짤하게 만들어야 연두부와 먹었을 때 간이 잘 맞아요.

달걀드롭수프

달걀이 몽글몽글하게 풀어진 드롭수프는 중국요리를 먹을 때 전채 메뉴로 처음 먹어본 요리예요. 목 넘김이 부드럽고, 재료를 바꾸어 넣으면 다양하게 응용할 수도 있기 때문에 아침식사 메뉴로 강력 추천합니다.

재료
시금치 4대, 칵테일새우 4마리, 달걀 1개, 팽이버섯 1/4봉지, 다진 파 2작은술, 다진 마늘 1작은술, 다시마 우린 물 2컵, 녹말물(녹말가루 1큰술, 물 1큰술), 굴소스 1작은술, 쌀눈유·소금·후추 약간씩

이렇게 만들어요
01 시금치는 잘 씻어 길게 3~4등분한다. 팽이버섯은 밑동을 잘라내고 송송 썬다.
02 칵테일새우는 끓는 물에 살짝 데쳐 식힌다. 달걀은 소금과 후추로 간한 뒤 곱게 푼다.
03 냄비에 쌀눈유를 두르고 3~4등분한 시금치, 다진 파, 다진 마늘, 굴소스를 넣어 볶는다.
04 시금치의 숨이 죽으면 송송 썬 팽이버섯과 다시마 우린 물을 넣고 한소끔 끓인다.
05 끓어오르면 불을 줄인 뒤 데친 칵테일새우를 넣고 풀어둔 달걀을 빙 둘러 넣는다.
06 달걀이 익으면 녹말물을 넣어 농도를 맞추고 소금과 후추로 간한다.

블루베리라씨

⏰ 5분

라씨는 인도의 유산균 음료로
여러 가지 과일을 요구르트와 갈아
달콤하고 되직하게 만들어 먹는 요리예요.
블루베리 생과가 없는 계절에는
냉동 블루베리를 사용해도 좋아요.

재료
블루베리 1컵, 마시는 플레인요구르트 1/2컵, 떠먹는 플레인요구르트 1개

이렇게 만들어요
01 블루베리는 잘 씻고 체에 밭쳐 수분을 제거한다.
02 수분을 제거한 블루베리와 플레인요구르트 두 종류를 모두 믹서에 넣고 곱게 간다.

Cooking Point
- 과일을 갈 때는 잘 씻어 수분을 제거하는 것이 필수예요. 수분을 제거하지 않고 믹서에 갈면 나중에 수분막이 생겨서 분리되니 주의하세요.

01

5분 배추만두완탕

시판 인스턴트 제품도 잘만 이용하면 조리 시간을 단축시킬 수 있어요. 인스턴트 제품은 섬유질이 부족한데, 단맛이 강한 배추나 시금치 등과 함께 끓이면 섬유질이 풍부하고 부드러운 맛이 일품인 아침식사가 완성됩니다.

재료
물만두 10개, 얼갈이배추 2포기, 대파 1/6대, 다진 마늘 1작은술, 멸치 다시마 우린 물 2컵, 녹말물(녹말가루 1큰술, 물 1큰술), 참기름 1작은술

이렇게 만들어요
01 물만두는 끓는 물에 살짝 데친 뒤 체에 밭친다.
02 얼갈이배추는 잘 씻어 2cm 정도의 길이로 자르고 대파는 송송 썬다.
03 냄비에 참기름을 두르고 자른 얼갈이배추, 송송 썬 대파, 다진 마늘을 넣어 달달 볶는다.
04 얼갈이배추가 파랗게 익으면 멸치 다시마 우린 물을 부어 한소끔 끓인다.
05 데친 물만두를 넣고 한소끔 더 끓인 뒤 녹말물로 농도를 맞춘다.

Cooking Point
- 인스턴트식품을 손질할 땐 끓는 물에 살짝 데쳐내거나 끓는 물을 끼얹어내면 식품첨가물 섭취량을 줄일 수 있어요.
- 얼갈이배추의 숨이 어느 정도 죽은 뒤 멸치 다시마 우린 물을 부어야 풋내가 나지 않아요.

단팥두유드링크

여름철, 자주 먹는 팥빙수 때문에
넘쳐나는 단팥과 찹쌀떡.
매일 팥빙수만 만들어 먹지 말고
가끔은 팥빙수 재료를 응용해
색다른 요리를 만들어보세요.
단팥두유드링크는 팥빙수보다
만들기도 간단하고 먹기도 쉬워서
아침마다 찾게 되는 인기 메뉴랍니다.

재료
팥빙수용 단팥 3큰술, 두유 1컵, 팥빙수용 찹쌀떡 2큰술

이렇게 만들어요
01 단팥, 두유를 믹서에 넣고 곱게 간다.
02 1에 찹쌀떡을 넣는다.

Cooking Point
- 곱게 갈지 않고 단팥이 살짝 씹힐 정도로 갈아내면 씹는 맛이 있어 좋아요.
- 쫄깃쫄깃 씹히는 맛이 좋은 찹쌀떡을 곁들이면 더욱 든든한 아침 음료가 완성됩니다.

02

바나나흑임자두유

늦잠 때문에
끼니를 거르고 출근한다고요?
딱 5분만 투자하면
바나나, 흑임자, 두유만으로도
든든한 아침식사를 만들 수 있답니다.

재료
바나나 1개, 볶은 검은깨 1큰술, 두유 1컵

이렇게 만들어요
01 바나나는 껍질을 벗겨 큼직하게 깍둑썬다.
02 믹서에 깍둑썬 바나나와 볶은 검은깨, 두유를 넣고 곱게 간다.

Cooking Point
• 깨는 입자가 작아서 믹서에 넣고 갈 때 한두 번씩 저어가며 갈아야 곱게 갈려요.

버섯치즈수프 10분

버섯은 수분과 섬유질이 풍부해
다이어트와 건강 식재료로 각광받고 있지요.
버섯치즈수프는 은은한 버섯의 향과
치즈의 고소한 맛이 어우러져
코스 요리에 곁들여도 손색없어요.

재료

새송이버섯 1개, 팽이버섯 1/3봉지, 양파 1/4개, 다진 마늘 1/2작은술, 체더치즈 1장, 밀가루 2큰술, 다시마 우린 물 1컵, 우유 1컵, 포도씨유 1작은술, 소금·후추 약간씩

이렇게 만들어요

01 새송이버섯은 큼직하게 깍둑썰고 팽이버섯은 밑동을 잘라 송송 썬다. 양파는 곱게 채썬다.
02 팬에 포도씨유를 두르고 채썬 양파와 다진 마늘, 손질한 버섯을 넣어 달달 볶는다.
03 버섯의 숨이 죽으면 밀가루를 뿌려가며 노릇하게 볶는다.
04 3에 다시마 우린 물과 우유를 부어 뭉근하게 끓인 뒤 믹서에 넣고 간다.
05 4를 냄비에 넣고 우르르 끓인 뒤 소금, 후추로 간하고 체더치즈를 송송 썰어 올린다.

Cooking Point

- 밀가루를 뿌려 볶으면 번거롭게 '루(roux)'를 만들지 않아도 농도가 걸쭉해져요.
- 다시마 우린 물과 우유를 섞으면 끓는 시간도 단축되고 영양소 파괴도 줄일 수 있어요.

불고기연두부

10분

어제 저녁, 온 가족이 함께 모여 맛있게 먹은 불고기가 남았다면, 이제부터는 아침식사로 응용해보세요. 불고기를 연두부 위에 올리면 입맛 살리는 토핑연두부가 되고, 밥이나 죽에 넣으면 든든한 일품 메뉴가 완성됩니다.

재료

연두부 1모, 쇠고기(불고기용) 100g, 양파 1/4개, 송송 썬 쪽파 1작은술, 통깨 약간
불고기양념 다진 파 1작은술, 다진 마늘 1/2작은술, 다시마 우린 물 2큰술, 간장 1큰술, 참기름 2작은술, 설탕·깨소금 1작은술씩, 조청 1/2작은술, 후추 약간

이렇게 만들어요

01 연두부는 키친타월로 감싸 수분을 제거한 뒤 텀블러에 담는다.
02 쇠고기는 한입 크기로 잘게 잘라 분량의 **불고기양념** 재료를 넣고 버무린다.
03 양파는 곱게 채썬 뒤 버무린 쇠고기와 함께 팬에 볶는다.
04 텀블러에 담은 연두부 위에 3을 올리고 송송 썬 쪽파와 통깨를 뿌린다.

Cooking Point

- 쇠고기는 보통 불고기를 먹을 때보다 조금 작게 잘라야 두부와 함께 떠먹기 좋아요.
- 샐러드채소나 새싹채소를 곁들여 먹어도 맛있어요.

미숫가루두부밀크

5분

아침식사 대용이나 여름 보양 음료 재료로
구입한 미숫가루는 보통 1년 내내
냉동실에 있는 경우가 많아요.
미숫가루만 타 먹는 것이 부담스럽다면
주스를 만들 때 첨가해보세요.
고소한 맛과 든든함을 겸비한
주스가 완성됩니다.

재료
연두부 1/3모, 미숫가루 3큰술, 우유 1컵, 연유 1큰술

이렇게 만들어요
01 연두부는 숟가락으로 떠내어 믹서에 넣는다.
02 연두부를 넣은 믹서에 우유, 연유, 미숫가루 순으로 넣고 곱게 간다.

Cooking Point
• 가루 재료를 믹서에 넣고 갈 때는 가루 재료를 가장 마지막에 넣어야 뭉침이 없이 곱게 갈려요.

02

수프에 곁들이는 식빵스틱&토르티야비스킷

↘ 토르티야비스킷

↘ 파마산치즈스틱

↘ 계피설탕스틱

↘ 마늘허니스틱

자꾸자꾸 손이 가는 식빵스틱은 아침밥에 곁들여 먹어도 좋고 간식으로 먹어도 좋아요.
식빵이 눅눅하면 올리브유를 너무 많이 흡수하여 느끼해지므로 산 지 하루 정도 지난
식빵을 사용하거나 껍질을 떼어내고 4등분한 뒤 살짝 말려서 사용하세요.

파마산치즈스틱

재료
껍질을 뗀 샌드위치용 식빵 5장, 파마산치즈가루 1컵, 올리브유 4큰술, 파슬리가루 약간

이렇게 만들어요
01 파마산치즈가루에 파슬리가루를 고루 섞는다.
02 식빵에 올리브유를 가볍게 적신 뒤 한쪽 면에 1을 묻힌다.
03 200℃로 예열한 오븐에 10분간 노릇하게 굽는다.

계피설탕스틱

재료
식빵 5장, 설탕 4큰술, 계피가루 1/2큰술, 올리브유 3큰술

이렇게 만들어요
01 설탕과 계피가루를 고루 섞어준다.
02 식빵에 올리브유를 가볍게 적신 뒤 한쪽 면에 1을 묻힌다.
03 200℃로 예열된 오븐에 10분간 노릇하게 굽는다.

마늘허니스틱

재료
샌드위치용 식빵 5장, 다진 마늘 1큰술, 올리브유 3큰술, 꿀 1큰술, 소금·파슬리가루 약간씩

이렇게 만들어요
01 다진 마늘, 올리브유, 꿀, 소금, 파슬리가루를 고루 섞어준다.
02 식빵은 적당한 크기로 잘라 한쪽 면에 1을 묻힌다.
03 200℃로 예열한 오븐에 10분간 노릇하게 굽는다.

토르티야비스킷

재료
토르티야(중간 크기) 3장, 파마산치즈가루 1/2컵, 올리브유 약간

이렇게 만들어요
01 토르티야는 8~10등분해서 한쪽 면에 올리브유를 바른다.
02 올리브유를 바른 토르티야의 한쪽 면에 파마산치즈가루를 솔솔 뿌린다.
03 190℃로 예열한 오븐에 10분간 굽는다.

 ## 우유에 말아 먹는 홈메이드 현미그라놀라

시판 그라놀라나 시리얼은 단맛이 강하거나 옥수수나 귀리 같은 서양 식재료로 만든 것이 대부분이에요. 우리나라에서 나는 현미와 잡곡, 견과류를 섞은 홈메이드 현미그라놀라는 고소한 맛이 강하고 조금만 먹어도 든든하답니다.

재료
현미 1컵, 찰보리 1/2컵, 아몬드슬라이스 1/3컵, 검은콩·흰콩·호두 1/4컵씩, 해바라기씨 3큰술, 건조 블루베리·건조 크랜베리 2큰술씩, 벌꿀·쌀눈유 3큰술씩

이렇게 만들어요

01 현미, 찰보리, 아몬드슬라이스, 검은콩, 흰콩, 호두, 해바라기씨를 잘 씻어 체에 밭쳐 물기를 제거한다.

02 1을 바닥이 두꺼운 팬에 넣고 중약불로 노릇하게 볶은 뒤 칼로 굵직하게 다져 큰 볼에 담는다.

오븐을 이용하는 경우, 1을 오븐팬에 넣고 190℃로 예열하여 7~8분 정도 굽는다.

03 2에 벌꿀과 쌀눈유를 뿌리면서 주걱으로 저어가며 잘 섞는다.

04 잘 섞어지면 바닥이 두꺼운 팬에 넣고 약불로 고루 섞어가며 볶은 뒤 식힌다. 이 과정을 3~4회 정도 반복한 뒤 블루베리와 크랜베리를 섞는다.

오븐을 이용하는 경우, 180℃로 예열한 오븐에서 10분간 구워서 꺼내 고루 섞은 뒤, 다시 10분간 구워 식히고 블루베리와 크랜베리를 섞는다.

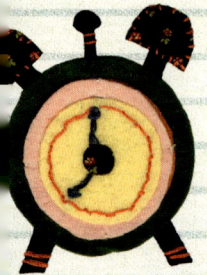

빈속을 채워주는 따뜻하고 배부른 한그릇

든든하게!
찬밥과 누룽지로 만든 아침밥

'밥이 보약이다'라는 말처럼 한국인의 건강한 식생활에서 빼놓을 수 없는 것이
바로 밥이죠. 하지만 한시가 급한 아침에 밥을 지어 먹으려면
쌀을 불리고 뜸 들이느라 시간이 많이 걸려요.
찬밥이나 누룽지, 즉석밥을 이용한다면 든든한 아침밥 한그릇을 차려낼 수 있답니다.
밥과 함께 먹을 수 있는 반찬, 국도 소개되어 있으니 다양하게 응용해보세요.

Part 3

자투리채소우유죽

요리를 하다보면 언제나 자투리 채소들이 남게 마련이지요. 일주일에 하루나 이틀쯤은 냉장고 속 자투리 채소를 모아서 자투리채소우유죽을 만들어보세요. 든든하게 아침도 해결하고 식재료 낭비도 줄일 수 있답니다.

재료
찬밥 1/2공기, 다진 자투리 채소(감자·당근·양파·애호박 등) 1/2컵, 우유 2컵, 물 1컵, 참기름 1작은술, 소금·후추 약간씩

이렇게 만들어요
01 냄비에 참기름을 두르고 다진 자투리 채소를 볶는다.
02 자투리 채소가 어느 정도 볶아지면 찬밥을 넣고 달달 볶는다.
03 자투리 채소와 밥이 잘 어우러져 볶아지면 우유와 물을 부어 밥이 퍼질 때까지 끓인 뒤 그릇에 담고 소금과 후추로 간한다.

Cooking Point
- 자투리 채소를 노릇하게 볶은 뒤 찬밥을 넣고 볶아야 풋내가 나지 않아요.
- 우유만 넣고 죽을 끓이면 밥이 퍼지기 전에 냄비 바닥에 눌어붙게 되므로 물과 섞어 끓여 주세요.

스피드전복내장죽

15분

쌀을 씻어서 불린 뒤 죽을 끓이면
최소 45분 정도의 시간이 걸려요.
그러나 어제 먹다 남은
찬밥을 이용하면
15분 만에 전복으로 만든
든든한 보양죽이 완성됩니다.

재료
찬밥 1공기, 전복 1개, 다시마 우린 물 3컵, 달걀노른자 1개분, 구운 김 1/4장, 참기름·깨소금 1작은술씩, 소금 약간

이렇게 만들어요

01 전복은 솔로 문질러 씻은 뒤 끓는 물에 2분 동안 데친다.
02 데친 전복은 숟가락으로 내장이 터지지 않게 떠내고 모래집을 잘라낸 뒤 살과 내장을 분리한다.
03 살은 곱게 채썰고 내장은 굵직하게 다진다.
04 참기름을 두른 냄비에 살을 볶다가 다 익으면 내장을 넣고 볶는다.
05 내장까지 다 익으면 찬밥을 넣고 볶는다.
06 전복과 밥이 잘 어우러지면 다시마 우린 물을 부어 걸쭉해질 때까지 끓인다.
07 완성되면 그릇에 담고 달걀노른자와 잘게 자른 구운 김, 깨소금을 올리고 소금으로 간한다.

Cooking Point
• 전복이 완전히 익은 뒤 찬밥을 넣어야 죽에서 비린내가 나지 않아요.

시금치오차스케

10분

'차즈케' 또는 '차스케'는 차에 밥을 말아 먹는 일본 요리로, 부드러운 차향이 밥알에 배어 평소 차를 좋아하는 사람이라면 꼭 먹어봐야 할 요리예요. 나물이나 김, 다시마, 견과류 등을 토핑처럼 올려 먹어도 잘 어울리니 입맛에 따라 응용해보세요.

재료
따뜻한 밥 1공기(또는 즉석밥 1개), 시금치 5포기, 당근 1/12개, 녹차잎 1작은술, 물 3컵, 깨소금 1작은술, 소금 약간
시금치나물 밑간 된장·참기름 1작은술씩

이렇게 만들어요
01 물을 팔팔 끓여 70℃ 정도로 식힌 뒤 녹차잎을 넣고 우려내 녹차를 만든다.
02 시금치는 끓는 물에 소금을 약간 넣고 데친 뒤 찬물에 헹군다.
03 시금치의 물기를 꼭 짜고 송송 썰어 분량의 **시금치나물 밑간** 재료로 조물조물 무쳐 시금치나물을 만든다.
04 당근은 곱게 채썰어 끓는 물에 살짝 데친다.
05 그릇에 밥을 넣고 시금치나물과 데친 당근, 깨소금을 올린 뒤 녹차를 부어 낸다.

Cooking Point
• 녹차를 우릴 때 70℃ 정도로 물을 식히는 과정을 생략하면 녹차에서 카테킨 성분이 많이 우러나와 쓴맛이 나요.

5분 굴밥

추운 아침,
따끈한 굴밥이 먹고 싶다면
5분만 투자해보세요!
집에 남은 찬밥과 굴,
뚝배기만 있다면
영양만점 굴밥이 완성된답니다.

재료
찬밥 1공기, 굴 1/2컵, 콩나물 1줌(100g), 소금·참기름 약간씩
굴 밑간 다진 파 1작은술, 다진 마늘 1/2작은술
양념간장 간장 1큰술, 참기름 2작은술, 깨소금 1작은술, 고춧가루 약간

이렇게 만들어요
01 굴은 분량의 **굴 밑간** 재료를 넣고 살살 버무린다.
02 콩나물은 끝 부분만 다듬은 뒤 소금을 넣은 끓는 물에 데친다.
03 뚝배기에 참기름을 두른 뒤 찬밥, 데친 콩나물, 굴을 넣고 뚜껑을 덮는다.
04 뚝배기째 전자레인지에 넣고 3분 정도 데우거나, 중약불에서 5~7분 정도 뜸을 들인다.
05 분량의 **양념간장** 재료를 섞어 완성된 굴밥에 곁들인다.

01

03

Cooking Point
- 굴은 미리 밑간을 해둬야 찬밥 위에 올려도 비리지 않아요.
- 콩나물 대신 무채를 곱게 썰어 데쳐 올려도 좋아요.

토핑찹쌀죽

평소 흰 찹쌀죽을 넉넉히 끓여 한 공기 분량씩 냉동실에 보관했다가,
입맛이 없거나 몸이 안 좋은 날에 따뜻하게 데워 토핑만 색다르게 바꾸면
5분 만에 초간단 기력 회복죽이 완성됩니다.

재료
냉동 찹쌀죽 1공기
토핑 김자반 2큰술, 낮은 닭가슴살 1/2쪽(또는 닭가슴살통조림 1/2개), 구운 마늘칩 1큰술

이렇게 만들어요
01 냉동 찹쌀죽은 냄비에 넣어 끓이거나 전자레인지에 2~3분 동안 데운다.
02 따뜻해진 찹쌀죽 위에 분량의 **토핑** 재료를 올린다.

Cooking Point
• 냉동 찹쌀죽이 준비되지 않았다면, 찹쌀 1컵을 잘 씻어 30분 정도 불린 뒤 참기름 1작은술을 두른 냄비에 넣고 볶아주세요. 찹쌀 색이 말개지면 물 8컵을 붓고 주걱으로 저어가며 쌀이 퍼지게 끓이세요.

피클참치주먹밥 ⏱15분

새콤달콤한 오이피클과
참치통조림만 있으면
바쁜 아침, 한입에 쏙쏙 들어가는
앙증맞은 주먹밥을 만들 수 있어요.
오이피클 대신 깍두기나 오이지,
신김치를 이용해도 좋아요.

재료
따뜻한 밥 1공기(또는 즉석밥 1개), 오이피클슬라이스 6~7쪽, 참치통조림 3큰술, 소금물(소금 1/4작은술, 물 1/2컵), 깨소금·참기름 1작은술씩

이렇게 만들어요
01 오이피클슬라이스는 곱게 다져 물기를 꼭 짠다.
02 참치통조림은 체에 받쳐 뜨거운 물을 부은 뒤 물기를 빼고 곱게 으깬다.
03 볼에 다진 오이피클슬라이스와 으깬 참치통조림, 깨소금, 참기름을 넣고 고루 섞은 뒤 밥을 넣고 살살 버무린다.
04 손에 소금물을 약간 바르고 버무린 밥을 한입 크기의 타원형으로 빚는다.

01

03

Cooking Point
• 주먹밥을 쥘 때는 소금물을 손에 발라가며 쥐어야 밥알이 손에 달라붙지 않고 주먹밥에 간이 살짝 배어요. 소금물이 너무 싱거우면 밥이 쉬게 될 수도 있으니 약간 짭짤하게 만드세요.

누룽지잣땅콩죽

10분

밥 먹고 나서 입가심으로, 또는 간식으로 먹던 누룽지는 전기밥솥이 일반화되면서 식당에 가야 먹을 수 있는 별미가 되어버렸어요. 누룽지를 직접 만들기 어렵다면 집 근처 마트에서 파는 시판 누룽지로 편하게 아침밥을 만들어보세요.

재료
누룽지(손바닥 크기) 2장, 잣·볶은 땅콩 2큰술씩, 물 3컵, 소금 약간

이렇게 만들어요
01 잣은 고깔을 떼고 볶은 땅콩은 껍질을 벗긴다.
02 믹서에 손질한 잣과 땅콩, 물을 넣은 뒤 곱게 갈아 잣땅콩물을 만든다.
03 잣땅콩물을 냄비에 넣고 팔팔 끓인다.
04 잣땅콩물이 어느 정도 끓여지면 누룽지를 잘게 부숴 넣고 푹 퍼지게 끓인 뒤 소금으로 간한다.

Cooking Point
• 잣에는 아밀라아제 성분이 들어 있어 끓이지 않고 갈아서 바로 섞으면 죽이 묽어져요. 잣을 물과 함께 갈아서 팔팔 끓인 뒤 누룽지를 넣으면 쉽게 묽어지지 않아요.

불고기마요주먹밥

짭짤한 간장양념에 재운 불고기는
남녀노소 모두에게 사랑받는 메뉴죠.
바쁜 아침, 여러 양념 필요 없이
마요네즈에 버무린 양파와 밥을
불고기로 감싸서
한입에 먹을 수 있게 만들면
아침밥뿐만 아니라
도시락 메뉴로도 참 좋아요.

재료
따뜻한 밥 1공기(또는 즉석밥 1개), 쇠고기(불고기용) 100g, 양파 1/3개, 구운 김 1장, 소금물(소금 1/4 작은술, 물 1/2컵)

불고기양념 간장 1큰술, 설탕 2작은술, 다진 파·깨소금·참기름 1작은술씩, 다진 마늘 1/2작은술, 후추 약간

양파양념 마요네즈 1큰술, 머스터드 1/4작은술, 소금·후추 약간씩

이렇게 만들어요

01 밥은 손에 소금물을 발라가며 한입 크기의 타원형으로 빚는다.
02 구운 김은 1cm 두께의 긴 띠 모양으로 자른다.
03 쇠고기는 1장씩 잘 펴서 분량의 **불고기양념** 재료를 섞어 발라 재운다. 다 재워지면 1장씩 구워 5×10cm 크기의 직사각형으로 썬다.
04 양파는 곱게 채썰고 찬물에 씻어 건진 뒤 분량의 **양파양념** 재료로 살살 버무린다.
05 직사각형으로 자른 쇠고기를 맨 밑에 깔고 타원형으로 빚은 밥을 올린 뒤 버무린 양파를 올려 돌돌 말아 긴 띠 모양으로 자른 김을 두른다.

Cooking Point
- 쇠고기는 등심을 얇게 자른 것으로 구입하는 것이 맛도 좋고 모양을 내기도 좋아요.
- 밥을 만 쇠고기에 김을 두르고 그 위에 양파를 올려 무순을 조금 곁들여도 예뻐요.

못난이주먹밥

15분

김가루를 고루 묻힌 못난이주먹밥은 어린 시절부터 자주 먹어왔던 추억의 주먹밥이에요. 못생겼지만 쇠고기와 김, 채소가 고루 들어 있어 영양 균형도 잘 맞아 성장기 아이들에게 좋은 아침 메뉴랍니다.

재료
찬밥 1공기, 구운 김 2장, 다진 쇠고기 50g, 양파 1/4개, 당근 1/6개, 쌀눈유 1큰술, 소금·후추 약간씩
쇠고기양념 다진 파 1작은술, 다진 마늘 1/2작은술, 간장 1큰술, 설탕 1/2큰술, 깨소금·참기름 1작은술씩, 후추 약간

이렇게 만들어요
01 구운 김은 봉지에 넣어 잘게 부순다.
02 다진 쇠고기는 분량의 **쇠고기양념** 재료를 넣어 조물조물 주무른다.
03 양파와 당근은 곱게 다진다.
04 차가운 팬에 쌀눈유를 두르고 주물러둔 쇠고기를 젓가락으로 흩어가며 고슬고슬하게 볶는다.
05 쇠고기가 익으면 다진 양파, 당근을 넣고 볶다가 찬밥을 넣고 볶는다.
06 소금, 후추로 간한 뒤 한입 크기로 동글동글하게 뭉쳐 잘게 부순 구운 김을 골고루 묻힌다.

Cooking Point
• 김가루를 만들다보면 여기저기 가루가 날려 청소와 설거지가 힘들어지는데 조리용 비닐봉지에 넣고 부수면 간단하고 깔끔하게 만들 수 있어요.

누룽지콩나물국밥

가족 모두 눈코 뜰 새 없이 바쁜 아침,
전날 끓여 놓았던 국에
누룽지나 밥을 넣고 끓여낸
스피드 국밥을 만들어보세요.
맛도 영양도 모양새도 좋을 뿐만 아니라,
손쉽게 만들 수 있어서 더욱 좋아요.

재료
누룽지(손바닥 크기) 2장, 콩나물 1줌(100g), 양파 1/4개, 불린 표고버섯 1개, 대파 1/6대, 다시마 우린 물 2컵, 된장 1큰술, 참기름 1작은술, 소금·후추 약간씩

이렇게 만들어요

01 콩나물은 끝 부분만 살짝 다듬은 뒤 씻어 체에 밭친다.
02 대파는 송송 썰어 면보에 담고 흐르는 물에 비벼 씻는다.
03 양파와 불린 표고버섯은 곱게 채썬다.
04 참기름을 두른 냄비에 곱게 채썬 양파와 표고버섯을 넣고 고소한 향이 날 때까지 볶는다.
05 양파와 표고버섯이 잘 볶아지면 다듬어둔 콩나물과 잘게 부순 누룽지를 넣고 된장을 푼 다시마 우린 물을 부은 뒤 뚜껑을 덮고 끓인다.
06 국물이 끓어오르면 불을 줄이고 누룽지가 퍼질 때까지 끓인 뒤 소금, 후추로 간하고 씻어둔 대파를 올린다.

Cooking Point
• 대파를 비벼 씻은 뒤 국이나 죽에 올려내면 맵고 아린 맛도 없고 냄새도 덜 나 좋아요.

따뜻한 김치묵밥

15분

원조 도토리묵밥은
넉넉한 양의 채썬 도토리묵에
시원한 냉국물을 부어 먹는 요리지만,
아침부터 차가운 음식을 먹고 나가면
뱃속이 냉해서 든든한 느낌이 덜하죠.
아침식사용 따뜻한 김치묵밥은
밥과 따뜻한 국물을 넣어
속이 아주 편안하고 든든하답니다.

재료

따뜻한 밥 1공기(또는 즉석밥 1개), 도토리묵 1/4모, 신김치 3줄기, 양파 1/4개, 구운 김 1/4장, 무순 약간
도토리묵양념 참기름 2작은술, 깨소금 1작은술, 소금 약간
김치양념 설탕·참기름 1/2작은술씩
육수 다시마 멸치 우린 물 3컵, 국간장 2작은술, 통깨·소금 약간씩

이렇게 만들어요

01 도토리묵은 1cm 두께로 썰어 끓는 물에 데친 뒤 분량의 **도토리묵양념** 재료로 밑간해둔다.
02 신김치는 소를 털어내고 채썬 뒤 분량의 **김치양념** 재료에 버무려둔다.
03 양파는 곱게 채썬다. 김은 잘게 자른다. 무순은 찬물에 담갔다 건져낸다.
04 분량의 **육수** 재료를 냄비에 넣고 한소끔 끓여 육수를 만든다.
05 그릇에 밥을 넣고 밑간해둔 도토리묵과 버무려둔 신김치, 채썬 양파와 무순을 차곡차곡 올린 뒤 육수를 붓고 잘게 자른 구운 김을 뿌린다.

Cooking Point
- 너무 굳은 도토리묵은 끓는 물에 한번 데쳐내면 부드러워지고 특유의 쓴맛이 빠져요.
- 육수는 너무 뜨겁지 않게 데워야 밥과 도토리묵이 풀어지지 않아요.

무장아찌 미니김밥

바쁜 등교 시간에 끼니를 거르고 나갈까봐
엄마가 자주 해주시던 김밥은
김과 밥만 들어갔을 뿐인데도
맛있고 배불렀죠.
무장아찌미니김밥은, 제가 엄마가 된 지금
우리 아이의 든든한 속을 책임지는
비장의 메뉴랍니다.

재료
따뜻한 밥 1공기(또는 즉석밥 1개), 간단무장아찌 8개(79쪽 참고), 오이 1/4개, 구운 김 2장, 참기름 1작은술
장아찌양념 깨소금 2작은술, 참기름 1작은술, 설탕 1/2작은술

이렇게 만들어요
01 밥은 참기름을 넣어 살살 버무린다.
02 간단무장아찌는 곱게 채썰어 물기를 짠 뒤 분량의 **장아찌양념** 재료를 넣고 살살 버무린다.
03 오이는 곱게 채썰어 찬물에 담갔다 건진다. 구운 김은 4등분한다.
04 4등분한 구운 김 위에 참기름에 버무린 밥을 얇게 편 뒤 양념에 버무린 간단무장아찌와 채썬 오이를 올려 돌돌 말아낸다.

Cooking Point
- 무장아찌는 채썬 뒤 물기를 꼭 짜내야 나중에 말았을 때 김이 눅눅해지지 않아요.
- 김밥의 크기가 작을수록 밥을 최대한 얇게 깔아야 모양이 예뻐요.

오곡누룽지눌은밥

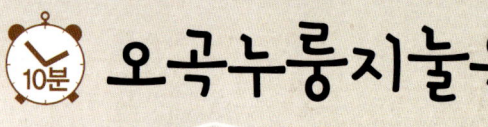

시판 누룽지는 대부분 흰쌀밥으로 만들어 맛이 단조롭다는 단점이 있죠. 오곡밥, 현미밥, 콩밥, 보리밥 등을 이용해 직접 만든 누룽지는 맛도 영양도 다양해요. 오곡밥을 이용해 만든 오곡누룽지를 밥 대신 사용하면 빠르고 간편하게 아침밥을 만들 수 있답니다.

재료
오곡밥 2공기(또는 오곡즉석밥 2개), 물 2컵, 김자반 2큰술

이렇게 만들어요

01 오곡밥은 팬 위에 올린 뒤 찬물을 바른 숟가락으로 넓게 편다.
02 약불에서 한쪽 면이 노릇하게 익을 정도로 구운 뒤 뒤집어 반대쪽 면도 똑같이 구워 오곡누룽지를 만든다.
03 완성된 오곡누룽지를 잘게 부숴 냄비에 넣고 물을 부어 끓인다.
04 밥알이 부드럽게 퍼지면 그릇에 담고 김자반을 올린다.

Cooking Point

• 오곡누룽지를 더욱 바삭하게 만들고 싶다면 팬에 펼 때 최대한 얇게 펴고 약불에서 오래 뜸을 들여가며 만들어야 해요. 오븐을 이용하는 경우, 190℃로 예열해서 한 번씩 뒤집어가며 25분 정도 구워내세요.

된장양념밥꼬치 ⏰10분

주먹밥을 노릇하게 구우면
누룽지의 식감이 나서
더욱 맛있게 먹을 수 있어요.
땅콩이 고소하게 씹히는
양념된장을 바른 주먹밥은
별다른 반찬 없이도
든든하고 맛있답니다.

재료
따뜻한 현미밥 1공기(또는 현미즉석밥 1개), 소금물(소금 1/4작은술, 물 1/2컵), 쌀눈유 약간
양념된장 굵게 다진 땅콩 1큰술, 된장 1큰술, 다시마 우린 물 1큰술, 마요네즈·참기름 1작은술씩

이렇게 만들어요
01 분량의 **양념된장** 재료를 고루 섞어 양념된장을 만든다.
02 밥은 1/4씩 손에 덜어 소금물을 묻혀가며 동글납작하게 만든 뒤 나무꼬치에 꿴다.
03 달군 팬에 쌀눈유를 두르고 나무꼬치에 꿴 주먹밥을 올려 굽는다.
04 타닥타닥 소리가 나면서 한쪽 면이 노릇하게 구워지면 뒤집는다.
05 노릇해진 한쪽 면에 양념된장을 발라 살짝 굽는다.

Cooking Point
- 주먹밥은 평소보다 단단하게 뭉쳐야 굽는 동안 밥알이 흐트러지지 않아요.
- 팬에 구울 때는 한쪽 면의 밥이 노릇하게 익은 뒤 양념된장을 발라야 타지 않고 노릇하게 익어요.

달걀버섯덮밥

10분

국물에 밥을 말아 먹으면
밥알이 퉁퉁 불어버리죠.
이른 아침, 입맛도 없고 입속이 깔깔해
아침밥 먹기가 곤욕스럽다면
자작한 국물이 밥알에 고루 배어든
덮밥을 만들어 먹어보세요.
부드럽게 넘어가는 식감이 일품이랍니다.

재료
따뜻한 밥 1공기(또는 즉석밥 1개), 애느타리버섯 1/4팩(50g), 팽이버섯 1/4봉지, 생 표고버섯 1개, 양파 1/4개, 쪽파 2대, 달걀 1개, 통깨 약간
덮밥국물 다시마 우린 물 1/2컵, 간장 1큰술, 설탕 1작은술, 소금·후추 약간씩

이렇게 만들어요

01 애느타리버섯과 팽이버섯은 밑동을 잘라내고 가닥을 나눈다. 생 표고버섯은 곱게 채썬다.
02 양파는 곱게 채썬다. 쪽파는 5cm 길이로 썬다.
03 분량의 **덮밥국물** 재료를 팬에 넣고 한소끔 끓인 뒤 손질한 버섯, 채썬 양파와 5cm 길이로 썬 쪽파를 넣어 볶듯이 익힌다.
04 버섯과 양파가 익으면 달걀을 풀어 넣고 불을 끈다.
05 팬의 잔열을 이용해 달걀을 반숙 정도로 익힌 뒤 따뜻한 밥 위에 올리고 통깨를 뿌린다.

Cooking Point
- 덮밥국물 재료가 끓어오른 뒤 버섯과 양파를 넣어야 간이 고르게 배어들어요.
- 달걀은 반숙 정도로 익혀야 비벼 먹기 좋아요.

채소겉절이비빔밥

쌈밥과 삼겹살구이 때문에
냉장고에 쌈채소가 넘쳐난다면
꼭 한번 도전해봐야 할 요리예요.
쉽게 물러서 보관 기간이 짧은 잎채소로
겉절이를 만들어 밥과 비벼 먹으면
다이어트와 성인병에 좋은
건강 아침밥이 완성됩니다.

재료

따뜻한 밥 1공기(또는 즉석밥 1개), 상추 10장, 깻잎 2장, 치커리 약간, 양파 1/4개, 오이 1/5개
겉절이양념 간장 2큰술, 참기름·식초 1큰술씩, 깨소금 1큰술, 설탕 1/2큰술, 다진 마늘·고춧가루 1작은술씩

이렇게 만들어요

01 상추, 깻잎, 치커리는 한입 크기로 뜯어 찬물에 담갔다 건져내 물기를 제거한다.
02 양파와 오이는 곱게 채썰어 찬물에 담갔다 건져내 물기를 제거한다.
03 1과 2의 채소를 고루 섞어 볼에 넣고 분량의 **겉절이양념** 재료로 살살 버무려 겉절이를 만든다.
04 대접에 밥을 넣고 겉절이를 듬뿍 올린다.

Cooking Point

- 잎채소는 칼로 써는 것보다 손으로 떼어 찬물에 담갔다 사용했을 때 식감도 좋고 신선함이 오래가요.
- 겉절이양념의 간이 조금 세야 밥에 비볐을 때 간이 잘 맞아요.
- 완성된 채소겉절이비빔밥은 명란콩나물국(77쪽 참고)과 함께 먹으면 더욱 맛있어요.

깨토핑반찬주먹밥

10분

이것저것 냉장고에 조금씩 남은 반찬은 버리려면 아깝고, 밥과 함께 먹기엔 모자란 양이라 고민되죠? 이럴 때는 남은 모든 반찬을 잘게 다져 주먹밥을 만들어 깨를 묻혀보세요. 여러 가지 반찬이 섞여 다양한 맛이 나는 별미 주먹밥이 완성된답니다.

재료
따뜻한 밥 1공기(또는 즉석밥 1개), 잘게 다진 반찬(진미채, 장조림, 멸치볶음 등) 5큰술, 볶은 흰깨·검은깨 3큰술씩, 소금물(소금 1/4작은술, 물 1/2컵), 참기름 1작은술

이렇게 만들어요

01 볼에 잘게 다진 반찬과 밥, 참기름을 넣고 살살 버무린다.
02 손에 소금물을 살짝 묻힌 뒤 한입 크기로 동글동글하게 빚는다.
03 동그랗게 빚은 밥을 흰깨와 검은깨 위에 각각 굴려서 옷을 입혀낸다.

Cooking Point
• 반찬은 최대한 잘게 다져야 밥을 뭉칠 때 단단하게 뭉쳐져요.

젓갈밥샌드위치

15분

짭조름한 젓갈은 입맛 없을 때
꼭 찾게 되는 대표적인 반찬이죠.
입맛 없는 아침, 잘게 다진 오징어젓갈과
신선한 오이를 올린
젓갈밥샌드위치는
아빠도 아이도 모두 좋아하는
인기만점 아침밥 메뉴예요.

재료
따뜻한 밥 1공기(또는 즉석밥 1개), 오징어젓갈 3큰술, 오이 1/5개, 구운 김 1장
오징어젓갈양념 다진 파 1/2작은술, 다진 마늘 1/4작은술, 깨소금 2작은술, 참기름 1작은술

이렇게 만들어요
01 오징어젓갈은 잘게 다져 분량의 **오징어젓갈양념** 재료로 살살 버무린다.
02 오이는 곱게 채썰어 찬물에 담갔다 건진다.
03 높지 않은 직사각형의 반찬 용기에 랩을 깔고 2등분한 구운 김을 깐다.
04 김을 깐 용기에 밥, 양념에 버무린 오징어젓갈, 밥, 채썬 오이 순으로 넣어서 눌러가며 모양을 잡는다.
05 재료를 다 올리면 남은 2등분한 구운 김을 올리고 용기를 뒤집어 꺼내 적당한 크기로 자른다.

Cooking Point
- 오징어젓갈을 오징어젓갈양념에 살짝 버무리면 너무 짜지 않아 좋아요.
- 반찬 용기에 넣을 때 재료를 눌러 단단하게 모양을 잡아야 나중에 잘랐을 때 모양이 흐트러지지 않아요.

01

04

깍두기뚝배기볶음밥

10분

새콤달콤한 깍두기는 아삭아삭 씹히는 맛이 좋아
어느 집에나 있는 대한민국 대표 반찬이지요.
깍두기를 잘게 잘라 넣어 볶음밥이나 주먹밥을 만들면
입맛 도는 스피드 아침밥을 만들 수 있답니다.

재료

찬밥 1공기, 깍두기 1컵, 깍두기 국물 3큰술, 참기름 1큰술, 달걀 1개, 송송 썬 쪽파 2작은술, 통깨·설탕 약간씩

이렇게 만들어요

01 깍두기는 굵직하게 다져 준비한다.
02 뚝배기에 참기름을 넉넉히 두르고 깍두기, 깍두기 국물, 설탕을 넣어 달달 볶는다.
03 깍두기가 말갛게 익으면 찬밥을 넣고 고슬고슬하게 볶는다.
04 밥과 깍두기가 고루 섞이면 달걀을 깨뜨려 넣고 뚜껑을 덮은 뒤 5분 정도 뜸을 들여 반숙으로 익혀서 송송 썬 쪽파와 통깨를 뿌린다.

Cooking Point

- 깍두기를 볶을 때 설탕을 약간 넣으면 깍두기가 잘 익고 시큼한 맛이 부드러워져요.
- 새콤한 깍두기 국물은 볶음밥에 넣으면 감칠맛을 더하고 찬밥을 부드럽게 해주니 버리지 말고 꼭 활용하세요.

멸치볶음지진밥

15분

기름에 살짝 지진 눌은밥은
고소하기도 하고 먹기도 편해요.
아침부터 기름기 있는 음식이
느끼하고 부담스럽다면
4번 과정을 생략하고
깔끔한 형태의 사각 주먹밥으로
바로 먹어도 좋아요.

재료

따뜻한 밥 1공기(또는 즉석밥 1개), 잔멸치볶음 3큰술, 쌀눈유 약간
밥양념 오이피클슬라이스 3쪽, 단무지슬라이스 2쪽, 깨소금 2작은술, 참기름 1작은술

이렇게 만들어요

01 **밥양념** 재료의 오이피클과 단무지는 잘게 다져 물기를 꼭 짠 뒤, 나머지 **밥양념** 재료와 밥을 넣고 고루 섞는다.
02 높지 않은 직사각형의 반찬 용기에 랩을 깐다.
03 랩을 깐 용기에 버무린 밥, 잔멸치볶음, 버무린 밥 순으로 채워 넣은 뒤 잘 눌러 모양을 잡는다.
04 용기를 뒤집어 꺼낸 뒤 한입 크기로 잘라 쌀눈유를 두른 달군 팬에 양면을 노릇하게 지져낸다.

Cooking Point

- 반찬 용기에 랩을 깔고 모양을 잡으면 꺼낼 때 재료가 용기에 달라붙지 않아 꺼내기 쉬울 뿐만 아니라, 설거지도 간편해져요.
- 밥이 너무 질면 노릇하게 구워지지 않고 랩에 달라붙게 되므로 주의하세요.
- 완성된 멸치볶음지진밥은 미역두부미소국(77쪽 참고)과 함께 먹으면 더욱 맛있어요.

해장콩나물죽

10분

술 마신 다음 날 아침에는 뱃속이 텅 비어버린 것 같은 허기에 시달리기 마련이죠. 콩나물과 참치통조림만 있다면 10분 만에 완성되는 든든한 해장 아침밥을 차릴 수 있어요. 조갯살, 굴 등을 활용하면 더욱 시원한 국물을 즐길 수 있답니다.

재료

누룽지(손바닥 크기) 2장, 콩나물 1줌(100g), 참치통조림 4큰술, 송송 썬 쪽파 1큰술, 다시마 우린 물 3컵, 새우젓 1작은술

이렇게 만들어요

01 콩나물은 끝 부분만 살짝 다듬은 뒤 잘 씻어 체에 밭친다.
02 참치통조림은 체에 밭친 뒤 끓는 물을 끼얹는다. 누룽지는 잘게 부순다.
03 냄비에 손질한 콩나물, 누룽지, 참치통조림 순으로 넣는다.
04 재료를 넣은 냄비에 다시마 우린 물을 붓고 뚜껑을 덮어 센불에서 끓인다.
05 끓어오르면 중약불로 줄이고 10분 정도 더 끓인 뒤 그릇에 담고 송송 썬 쪽파와 새우젓을 곁들인다.

Cooking Point

- 콩나물이 들어간 요리를 할 때는 뚜껑을 처음부터 덮거나 아예 덮지 않고 조리해야 해요. 뚜껑을 자주 여닫거나 중간에 뚜껑을 덮으면 콩나물에서 비린내가 나요.
- 맑고 깔끔한 맛을 원한다면 레시피대로 새우젓을 이용해 간하는데, 기호에 따라 잘게 썬 신김치나 국간장, 된장으로 간을 맞춰도 맛있답니다.

해장김치해물국밥

'해장국' 하면 나가서 사 먹는 선짓국이나 북엇국, 아니면 자극적인 라면만 떠오르나요? 김치와 오징어만 있다면 집에서도 속 시원한 해장국밥을 만들 수 있답니다. 새우젓이나 멸치액젓으로 간을 맞춘 다음 79쪽에 소개된 간단무장아찌를 곁들여 개운하게 즐겨보세요.

재료
찬밥 1공기, 신김치 2줄기, 오징어(몸통 부분) 1/4마리분, 칵테일새우 3마리, 다진 파 1작은술, 다진 마늘 1/2작은술, 멸치 다시마 우린 물 2와 1/2컵, 청주 2작은술, 참기름·멸치액젓 1작은술씩, 소금·후추 약간씩

이렇게 만들어요
01 신김치는 양념을 대충 털어내 송송 썬다. 오징어는 잔칼집을 넣어 한입 크기로 썬다. 칵테일새우는 끓는 물에 살짝 데쳐 식힌다.
02 냄비에 참기름을 두르고 송송 썬 신김치를 달달 볶는다.
03 신김치의 색이 말개지면 한입 크기로 썬 오징어와 데친 칵테일새우, 청주, 멸치액젓, 다진 파, 다진 마늘을 넣고 볶는다.
04 3에 멸치 다시마 우린 물을 부어 한소끔 끓인 뒤 소금, 후추로 간한다.
05 찬밥은 그릇에 담아 4의 국물을 담았다 따라내고 담았다 따라내는 과정을 3~4회 반복한 뒤 국물을 부어 낸다.

> **Cooking Point**
> • 따뜻한 국밥이나 국수 요리를 만들 때 국물을 부었다 따라내는 과정을 '토렴'이라고 해요. 밥을 국물에 넣고 끓이면 밥알이 불어 식감이 좋지 않지만 토렴을 하면 밥알이 불지 않고 온기와 간이 적당히 배어 좋아요.

아침밥에 곁들이는 스피드 국

친숙해서 더욱 인기 있는 달걀파국

재료
달걀 1개, 대파 1/4대, 멸치 다시마 우린 물 2컵, 국간장 1작은술, 소금·후추 약간씩

이렇게 만들어요
01 달걀은 곱게 풀어 소금, 후추로 밑간한다.
02 대파는 어슷썰어 밑간한 달걀에 넣고 고루 섞는다.
03 냄비에 멸치 다시마 우린 물, 국간장을 넣고 한소끔 끓인다.
04 중불로 줄인 뒤 2로 줄알을 쳐 소금, 후추로 간한다.

Cooking Point
• 불이 너무 세서 국물이 끓어오르면 달걀이 풀어져 국물이 지저분해져요. 중불 정도로 줄여서 뭉근하게 끓여야 부드러운 달걀파국을 만들 수 있어요.

부드럽고 깊은 맛 감자김국

재료
감자 1/3개, 구운 김 2장, 멸치 다시마 우린 물 2컵, 국간장 1작은술, 참기름·소금·후추 약간씩

이렇게 만들어요
01 감자는 껍질을 벗기고 얄팍하게 채썰어 찬물에 담가 녹말기를 제거한다.
02 구운 김은 봉지에 넣어 잘게 부순다.
03 냄비에 참기름을 두르고 채썬 감자와 국간장을 넣어 볶는다.
04 감자가 말개지면 멸치 다시마 우린 물을 부어 한소끔 끓인 뒤 김을 넣고 소금, 후추로 간한다.

Cooking Point
• 구운 김 대신 조미김을 넣으면 마지막에 따로 간을 하지 않아도 간이 잘 맞아요.

'국 없으면 밥이 넘어가질 않는다'는 사람들이 있어요. 자극적인 찌개나 손 많이 가는 국이 아닌, 냉장고에 있는 재료로 후다닥 만드는 스피드 국을 만들어 함께 내면 입맛 없는 아침에도 맛있게 밥을 먹을 수 있답니다.

소박하고 따뜻한 국 한그릇 미역두부미소국

재료
자른 미역 1큰술, 두부 1/6모, 멸치 다시마 우린 물 2컵, 팽이버섯 1/6봉지, 미소(또는 된장) 1큰술, 소금·후추 약간씩

이렇게 만들어요
01 자른 미역은 찬물에 담가 30분 정도 불린 뒤 한번 씻어 잘게 썬다.
02 두부는 사방 1cm 크기로 썬다. 팽이버섯은 송송 썬다.
03 냄비에 멸치 다시마 우린 물을 붓고 미소를 풀어 끓인다.
04 국이 한소끔 끓으면 미역과 두부를 넣고 끓인다.
05 미역이 파랗게 익으면 소금, 후추로 간을 맞추고 송송 썬 팽이버섯을 올린다.

Cooking Point
- 미소 대신 된장을 넣었다면 미소를 넣고 끓일 때보다 조금 더 끓여내야 구수한 맛이 나요.

명란을 더해 더욱 특별한 명란콩나물국

재료
콩나물 1줌(100g), 명란젓 1/4조각, 다시마 우린 물 2컵, 쪽파 1대, 다진 마늘 1/2 작은술, 소금 약간

이렇게 만들어요
01 콩나물은 머리 부분의 껍질이 벗겨지도록 잘 씻어둔다.
02 냄비에 콩나물과 소금을 담고 다시마 우린 물을 부은 뒤 뚜껑을 덮고 센불에서 끓인다.
03 끓기 시작한 지 5분 정도 지났을 때 뚜껑을 열고 다진 마늘을 넣어 끓인다.
04 잘게 자른 명란젓과 송송 썬 쪽파를 넣고 불을 끈 뒤 10초 정도 두었다가 국을 떠낸다.

아침밥에 곁들이는 스피드 반찬

어떤 요리와도 잘 어울리는 잔멸치볶음

재료
잔멸치 1컵, 쌀눈유·올리고당 1큰술씩, 다진 마늘·통깨 2작은술씩

이렇게 만들어요
01 달군 팬에 쌀눈유를 두르고 다진 마늘을 볶아 향을 낸다.
02 다진 마늘의 향이 어느 정도 배어나면 잔멸치를 넣고 볶는다.
03 잔멸치가 노릇해지면 불을 끄고 올리고당을 넣어 골고루 섞은 뒤 통깨를 뿌린다.

Cooking Point
- 멸치볶음이 완성되면 곧바로 팬에서 꺼내 넓은 접시에 펼쳐서 식혀야 윤기가 흐르는 멸치볶음이 만들어져요.

만들기 쉬운 우리집 밥도둑 명란젓무침

재료
명란젓 1쪽, 깨소금·참기름 2작은술씩, 다진 파·다진 마늘 1작은술씩

이렇게 만들어요
01 명란젓은 겉에 묻어 있는 양념을 닦아내고 반으로 가른다.
02 반으로 자른 명란젓의 살만 긁어내 볼에 담고 나머지 재료를 넣어 무친다.

Cooking Point
- 명란젓무침은 쉽게 상하기 때문에 한두 끼 먹을 분량만 만들어두는 것이 좋아요.

그냥 먹어도 맛있지만 미리 만들어둔 반찬을 곁들이면 더욱 맛있는 아침밥!
요리 자체의 간을 세게 해서 먹는 것보다는 한두 가지 반찬을 곁들여서 간을 맞추는 게 건강에도
더욱 좋답니다. 아침밥뿐만 아니라 다양한 요리에 곁들여 먹을 수 있는 반찬, 꼭 만들어보세요!

한 번 만들면 두고두고 쓰기 좋은 오이피클

재료
백오이 5개, 양파 1/2개, 굵은 소금 3큰술
피클주스 레몬 1개, 마늘 2알, 생강 1/4쪽, 통계피 1/2쪽, 피클링스파이스 1큰술,
물 5컵, 식초·설탕 3컵씩, 소금 3큰술

이렇게 만들어요
01 오이는 껍질째 씻어 굵은 소금으로 박박 문질러 절인 뒤 잘 씻어
   수분을 제거한다.
02 분량의 **피클주스** 재료를 넣고 팔팔 끓여 피클주스를 만든다.
03 수분을 제거한 오이를 병에 담고 뜨거운 피클주스를 부어 식힌다.
04 양파는 먹기 좋은 크기로 큼직하게 썰어 병에 넣는다.
05 3일 정도 숙성시킨 뒤 병에서 피클주스만 따라내 다시 끓인다.
   피클주스가 식으면 병에 다시 붓고 4~5일 숙성시킨 뒤 먹는다.

식욕을 당기는 짭짤한 맛이 일품 간단무장아찌

재료
무 1/4개, 청양고추 1개, 홍고추 1/2개
장아찌 물 설탕 1/3컵, 간장·식초·생수 1/2컵씩

이렇게 만들어요
01 무는 5cm 길이의 도톰한 나무젓가락 모양으로 썰고 청양고추와
   홍고추는 송송 썬다.
02 냄비에 분량의 **장아찌 물** 재료를 넣고 한소끔 끓인다.
03 1의 재료를 소독한 병에 넣고 뜨거운 2를 부어 하루 정도 숙성시
   킨 뒤 먹는다.

Cooking Point
• 무에 고추를 같이 넣으면 무의 지린 맛이나 특유의 냄새가 없어져서
  좋아요.

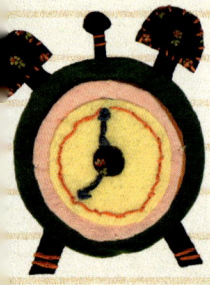

아이디어를 더해 특별하고 맛있는 한그릇
간단하게! 떡과 빵으로 만든 아침밥

밥보다 빵이 친숙한 우리집 식탁에는 늘 식빵 한 봉지가 놓여 있어요.
또 냉동실에는 명절이나 특별한 날 사둔 떡이 꽁꽁 언 채로 방치되어 있죠.
하지만 매일 아침 빵이나 떡만 먹다보면 금방 질리고 영양 불균형을 초래하기 쉽습니다.
냉장고에 늘 있는 식재료를 이용해서 다양하게 조리해 먹으면
같은 빵이나 떡도 더욱 맛있게 먹을 수 있답니다.

Part 4

세가지소스떡꼬치

고물을 묻히지 않은 담백한 맛의 가래떡이나 떡볶이떡은 보관만 잘 해두면 스피드 아침식사나 간식의 훌륭한 식재료로 활용할 수 있답니다. 떡을 꼬치에 꿰어 구워내면 소스가 손에 묻지 않을 뿐만 아니라 하나씩 들고 출근할 수 있어 더욱 좋아요.

재료
떡볶이떡 10개, 쌀눈유 약간
단팥소스 팥빙수용 단팥 1큰술, 연유 1/2큰술, 소금 약간
녹차소금 구운 소금 1작은술, 녹차가루 1/2작은술
유자조청 유자청 1큰술, 조청 1/2큰술, 소금 약간

이렇게 만들어요
01 떡볶이떡은 끓는 물에 살짝 데쳐 꼬치에 꿴다.
02 달군 팬에 쌀눈유를 두르고 꼬치에 꿴 떡을 넣어 노릇하게 굽는다.
03 작은 볼에 분량의 **단팥소스**, **녹차소금**, **유자조청** 재료를 각각 넣고 고루 섞는다.
04 구운 떡꼬치를 섞어둔 세 가지 소스와 함께 곁들인다.

Cooking Point
• 떡볶이떡은 해동시켜 말랑해졌을 때 꼬치에 꿰어야 해요. 얼린 상태에서 꼬치를 꿰서 구우면 떡이 갈라지거나 꼬치가 엇나가게 돼요.

인절미들깨두유수프

들깨는 기력을 보하고
피부와 머릿결을 곱게 하는
작용을 하는 건강 식재료예요.
들깨가루를 두유에 풀어서 끓여 마시거나
국이나 수프에 넣어 먹는 것만으로도
들깨가 가진 맛과 영양을
한 번에 얻을 수 있답니다.

재료
한입 크기로 썬 냉동 인절미(또는 생 인절미) 3쪽,
들깨가루 4큰술, 두유 2컵, 꿀·소금 약간씩

이렇게 만들어요
01 들깨가루는 냄비에 넣고 두유를 조금씩 넣어가며 고루 섞는다.
02 어느 정도 섞어지면 중불에 올려 멍울이 지지 않게 저어가며 끓인다.
03 끓어오르면 불을 줄이고 인절미를 넣는다.
04 인절미가 살짝 퍼지면 불을 끈 뒤 그릇에 담아 꿀이나 소금을 곁들인다.

Cooking Point
- 가루 재료를 먼저 담고 액체 재료를 조금씩 부어가며 섞어야 멍울이 지지 않고 곱게 풀어져 섞여요.
- 들깨두유수프가 따뜻할 때 인절미를 넣어야 부드럽게 풀어지며 속까지 익어요.

조랭이미역떡국

15분

조랭이떡은 눈사람을 닮은 것 같기도 하고 조롱박을 닮은 것 같기도 한 재밌는 모양 때문에 아이들에게 사랑받는 식재료랍니다. 평소 구비해두면 후루룩 마시는 수프나 맑은 국에 밥 대신 넣어 먹을 수 있어요. 미역국을 변형한 이 요리는 간단하고 맛있으니 꼭 따라해보세요.

재료
조랭이떡 1컵, 마른 미역 1큰술, 달걀 1개, 멸치 다시마 우린 물 3컵, 국간장 2작은술, 참기름 1작은술, 소금·후추 약간씩

이렇게 만들어요

01 미역은 찬물에 담가 불린 뒤 바락바락 씻어 굵직하게 썬다.
02 달걀은 소금, 후추를 살짝 넣고 곱게 푼다.
03 조랭이떡은 끓는 물에 2~3분 정도 삶아 건진 뒤 찬물에 씻어 체에 밭친다.
04 냄비에 자른 미역과 참기름, 국간장을 넣고 미역이 파랗게 될 때까지 달달 볶는다.
05 미역이 다 볶아지면 멸치 다시마 우린 물을 넣고 한소끔 끓인다.
06 한소끔 끓으면 삶아둔 조랭이떡을 넣고 익힌 뒤 풀어둔 달걀로 줄알을 치고 소금, 후추로 간한다.

Cooking Point
• 조랭이떡을 살짝 데쳐 넣으면 냉동실 냄새나 주정 냄새가 나지 않아 좋아요.
• 시간이 넉넉하다면 달걀을 풀어내는 대신 지단을 부쳐 올려도 좋아요.

절편샌드위치

우리 가족의 단골 카페에서는
증편을 샌드위치처럼 만들어 파는데
만들기는 단순해도 아주 맛있어서
일찍 가지 않으면 금방 품절돼버리고 마는
인기 메뉴랍니다. 증편 대신 구하기 쉬운
절편으로 만들어보았더니 한입 크기의
맛좋은 아침식사가 탄생했어요.

재료
절편 6쪽, 양상추 1장, 방울토마토 3개
소 삶은 닭가슴살 1/2쪽(또는 닭가슴살통조림 1/2캔), 오이피클슬라이스 5쪽, 양파 1/4개, 마요네즈 1큰술, 머스터드 1작은술, 소금·후추 약간씩

이렇게 만들어요
01 양상추는 한입 크기로 뜯어 찬물에 담갔다 건진다.
02 방울토마토는 모양을 살려 슬라이스한다.
03 소 재료의 삶은 닭가슴살은 잘게 뜯고, 오이피클슬라이스와 양파는 잘게 다져 물기를 꼭 짠다.
04 볼에 2와 나머지 소 재료를 모두 넣고 살살 버무려 소를 만든다.
05 절편 위에 양상추, 소, 방울토마토를 올린 뒤 남은 절편으로 덮는다.

Cooking Point
- 삶은 닭가슴살 대신 닭가슴살통조림을 사용할 경우에는 체에 밭쳐 끓는 물을 끼얹은 뒤 사용하세요.
- 소 재료의 오이피클슬라이스와 양파는 물기를 꼭 짜야 겉물이 돌지 않아요.

5분 찰떡김말이구이

콩가루를 묻히지 않은 인절미를 적당한 크기로 잘라 냉동실에 얼려두면 바쁜 아침에 요긴한 식재료로 활용할 수 있어요. 얼린 인절미는 해동하지 않고 그대로 팬에 올려 약불에서 노릇노릇 구워내면 구수한 누룽지 맛이 난답니다.

재료
한입 크기로 썬 냉동 인절미 6쪽, 구운 김 1장, 참기름·간장(또는 조청) 약간씩

이렇게 만들어요

01 구운 김은 3cm 너비로 자른다.
02 인절미는 해동하지 않은 채 그대로 팬에 올려 약불로 노릇하게 굽는다.
03 구운 인절미가 따뜻할 때 잘라놓은 김으로 인절미를 만다.
04 참기름을 약간 섞은 간장이나 조청을 곁들인다.

Cooking Point
- 생 인절미는 구우면 팬에 눌어붙어버려요. 냉동 인절미를 해동하지 않고 구워야 요리하기 편해요.
- 인절미가 따뜻할 때 김을 말아내야 김이 잘 붙어요.

시루떡팥죽 8분

어느 날, 시루떡을 찜통에 쪄내다가 떡이 다 녹아 찜기 밑으로 흘러내렸어요. 버리기엔 아까워서 먹어보니 꼭 동지에 만들어 먹던 팥죽 맛과 똑같지 뭐예요. 그래서 탄생한 시루떡팥죽은 만들기도 간편하고 맛도 좋아 가끔씩 만들어 먹는 별미 아침밥 요리랍니다.

재료
팥시루떡 1/2개, 물 2컵, 우유 1/2컵, 계피가루·꿀(또는 소금) 약간씩

이렇게 만들어요
01 팥시루떡은 잘게 잘라 냄비에 넣고 물과 함께 끓인다.
02 떡이 부드럽게 퍼지면 믹서에 넣고 입자가 약간 씹힐 정도로 간다.
03 떡이 다 갈아지면 냄비에 담고 우유를 섞어 한소끔 끓인다.
04 계피가루를 살짝 뿌리고 꿀이나 소금을 곁들인다.

Cooking Point
- 팥시루떡을 약간 씹히게 갈면 쫄깃한 새알심의 식감을 살릴 수 있어요.
- 우유와 계피가루를 넣으면 맛이 한결 부드러워져 신물이 올라오지 않아요.

가래떡반찬구이

10분

'가래떡과 반찬을 함께 먹으면 어떨까' 하는 생각에 만들어본 요리인데 남편과 아이의 반응이 열광적이더라고요. 가래떡에 치즈를 올려 구우면 토핑으로 올린 반찬이 떡에 딱 달라붙어, 들고 다니면서 먹어도 좋은 핑거푸드가 완성됩니다.

재료
가래떡(15cm 길이) 2개, 잘게 다진 반찬(시금치나물, 잔멸치볶음 등) 1/2컵, 다진 모차렐라치즈 1/2컵, 슬라이스체더치즈 1/2장
가래떡 밑간 참기름 2작은술, 간장 1/2작은술

이렇게 만들어요

01 가래떡은 5cm 길이로 썰어 길게 2등분한다.
02 2등분한 가래떡은 끓는 물에 살짝 데쳐 분량의 **가래떡 밑간** 재료에 버무려 둔다.
03 밑간한 가래떡을 3조각씩 붙인 뒤 그 위에 잘게 다진 반찬과 다진 모차렐라치즈, 잘게 자른 슬라이스체더치즈를 올린다.
04 바닥이 두꺼운 팬에 재료를 올린 가래떡을 넣고 뚜껑을 덮은 뒤 중약불로 7분 정도 굽는다.

Cooking Point

- 가래떡에 살짝 밑간을 하면 반찬과 떡의 맛이 겉돌지 않고 잘 어울려요. 또 떡끼리 달라붙지 않아 구울 때도 훨씬 간편해요.
- 오븐을 사용하는 경우 200℃로 예열해서 5분 정도 구워주세요.

절편유자미소구이 10분

구운 가래떡이나 절편은
대부분 조청이나 꿀에 찍어 먹곤 하죠.
부드럽고 상큼한 유자미소소스를
절편에 발라 살짝 구우면
더욱 맛있게 떡을 먹을 수 있어요.

재료
절편 6쪽, 쌀눈유 약간
유자미소소스 유자청·미소(또는 된장) 1큰술씩, 깨소금 1작은술, 참기름 1/2작은술

이렇게 만들어요
01 분량의 **유자미소소스** 재료를 섞어 유자미소소스를 만든다.
02 달군 팬에 쌀눈유를 두르고 절편을 넣어 굽는다.
03 절편의 한쪽 면이 노릇하게 익으면 뒤집어 유자미소소스를 바른다.
04 불을 약하게 줄인 뒤 절편을 뒤집어 반대쪽에도 유자미소소스를 발라 굽는다.

Cooking Point
• 불에 올리기 전에 떡에 소스를 발라 구우면 떡이 채 익기도 전에 소스가 먼저 타버려요. 떡을 노릇하게 먼저 구운 뒤 소스를 발라 살짝만 익히는 것이 포인트랍니다.

햄치즈말이떡꼬치

햄과 치즈를 넣고 돌돌 만 뒤 구운 파인애플을 곁들인 이 요리는 학창 시절 먹던 떡꼬치를 생각하며 만들어본 아침식사랍니다. 남은 햄치즈말이떡꼬치는 냉동실에 얼려둔 뒤 해동해서 먹으면 퇴근 후 안주거리로도 좋아요.

재료
떡볶이떡 12개, 샌드위치용 슬라이스햄 6장, 슬라이스체더치즈 3장, 파인애플슬라이스 1조각, 쌀눈유 약간

이렇게 만들어요
01 슬라이스햄은 끓는 물에 데친 뒤 1/2장으로 썬다. 슬라이스체더치즈는 1/4장으로 썬다.
02 떡볶이떡은 슬라이스햄 1/2장과 슬라이스체더치즈 1/4장으로 돌돌 말아 꼬치로 고정해 떡꼬치를 만든다.
03 떡꼬치는 쌀눈유를 두른 팬에 돌려가며 구워낸다.
04 떡꼬치를 구운 팬에 한입 크기로 자른 파인애플슬라이스를 노릇하게 구워 곁들인다.

Cooking Point
- 슬라이스햄은 끓는 물에 데쳐 발색제나 염분을 낮춘 뒤 조리하는 것이 좋아요.
- 떡꼬치를 구울 때는 모든 면이 고르게 익도록 앞뒤로 뒤집어가며 구워주세요. 오븐이나 토스터를 이용할 경우 190℃로 예열하여 5분 정도 구워주세요.

불고기떡샐러드

불고기떡샐러드는 궁중떡볶이의
샐러드 버전이라 할 수 있어요.
달콤하고 짭짤한 불고기와
부드러운 떡이 어우러져 씹는 맛이 좋고,
샐러드 채소를 함께 먹을 수 있어
영양소의 궁합도 잘 맞아요.

재료

떡볶이떡 15개, 쇠고기(불고기용) 100g, 양상추·깻잎 3장씩, 치커리 약간, 오이 1/3개, 양파 1/6개
쇠고기양념 간장 2작은술, 설탕·다진 파·참기름 1작은술씩, 다진 마늘·깨소금 1/2작은술씩
샐러드드레싱 레몬즙 2큰술, 곱게 다진 양파·올리브유·간장 1큰술씩, 설탕 1/2큰술

이렇게 만들어요

01 쇠고기는 키친타월에 싸서 핏물을 닦아내고 한입 크기로 썰어 분량의 **쇠고기양념** 재료로 조물조물 무쳐 재워둔다.
02 양상추, 깻잎, 치커리는 한입 크기로 뜯어 찬물에 담갔다 건진다.
03 오이와 양파는 곱게 채썰어 찬물에 담갔다 건진다.
04 떡볶이떡은 끓는 물에 넣고 충분히 데친다.
05 팬에 재워둔 쇠고기를 넣고 볶다가 데친 떡볶이떡을 넣고 버무린다.
06 접시에 손질한 채소를 담고 5를 올려낸 뒤 분량의 **샐러드드레싱** 재료를 섞어 뿌린다.

Cooking Point

• 불고기떡샐러드에 들어가는 떡볶이떡은 평소보다 부드럽게 데쳐야 굳지 않아요.

김치두부볶음버거

15분

모닝빵에 바르는 스프레드는 크림치즈나 버터만 어울린다고요? 칼칼한 김치두부볶음처럼 밥상에 오르는 반찬을 곁들이면 느끼하지 않고 개운한 맛의 한국식 버거가 완성된답니다.

재료
모닝빵 3개, 양상추 1장, 양파 1/4개, 완숙 토마토(작은 것) 1개, 버터 약간
김치두부볶음 신김치 2줄기, 두부 1/4모, 다진 양파 2큰술, 참기름 2작은술, 깨소금 1작은술, 설탕 1/2작은술, 후추 약간

이렇게 만들어요
01 모닝빵은 2등분하여 단면에 버터를 바른 뒤 팬에 노릇하게 굽는다.
02 양상추는 큼직하게 뜯어 찬물에 담갔다 건져 수분을 제거한다.
03 양파는 곱게 채썰고 토마토는 모양을 살려 슬라이스한다.
04 **김치두부볶음** 재료의 신김치는 양념을 털어낸 뒤 송송 썰고, 두부는 면보에 짜서 수분을 제거한다.
05 4와 나머지 **김치두부볶음** 재료를 버무린 뒤 달군 팬에 넣고 볶아 김치두부볶음을 만들어 식힌다.
06 구운 모닝빵 위에 양상추, 양파, 토마토, 김치두부볶음을 올린 뒤 남은 모닝빵으로 덮는다.

Cooking Point
• 두부나 김치에 수분이 있으면 빵이 질어지므로 물기를 제거하고 볶아주세요.

삼색채소롤

15분

삼색채소롤은
채소를 싫어하는 아이들도
거부감 없이 손에 들고 다니며
먹을 수 있는 간단 아침밥이에요.
토마토, 오이, 노란 파프리카뿐만 아니라
다양한 채소로 응용해서 만들어보세요.

재료
샌드위치용 식빵 3장, 토마토·오이 1/4개씩, 노란 파프리카 1/2개, 슬라이스치즈 3장, 마요네즈 약간

이렇게 만들어요

01 식빵은 테두리를 잘라내고 밀대로 얇게 밀어둔다.
02 토마토와 오이, 노란 파프리카는 씨를 제거한 뒤 과육만 도톰하게 채썬다.
03 밀대로 민 식빵 밑에 랩을 깔고 마요네즈를 펴 바른다.
04 마요네즈를 바른 면에 슬라이스치즈와 채썬 채소를 올려 각각 만다. 말아낸 빵은 잠깐 고정한 뒤 한입 크기로 자른다.

Cooking Point
- 식빵을 밀대로 얇게 밀어야 채소를 넣고 말았을 때 빵 부스러기가 나지 않고 잘 말려요.
- 속에 넣는 채소는 시금치나물 등의 반찬이나, 고구마 등 다른 채소류로 대체해도 좋아요.

8분 구운과일샌드위치

부드럽게 퍼지는 크림치즈의 짭짤한 맛과 과일의 달콤함이 어우러진 초간단 토스트예요. 만들기는 쉬워도 여느 카페에서 파는 브런치 부럽지 않은 비주얼을 뽐낼 수 있는 요리랍니다. 딸기, 복숭아, 포도, 블루베리 등 좋아하는 제철 과일을 맘껏 활용해서 만들어보세요.

재료
식빵 2장, 크림치즈 3큰술, 꿀 1작은술, 과일 1/2컵, 올리브유 약간

이렇게 만들어요
01 식빵은 마른 팬에 바삭하게 구운 뒤 한쪽 면에만 크림치즈를 바른다.
02 과일은 먹기 좋게 손질하여 올리브유를 두른 팬에 넣고 센 불로 살짝 굽는다.
03 식빵의 크림치즈를 바른 면에 구운 과일을 올린 뒤 꿀을 뿌린다.
04 남은 빵으로 덮은 뒤 먹기 좋은 크기로 자른다.

Cooking Point
• 과일은 너무 물러지지 않도록 센불에서 단시간에 구워주세요.
• 구운 과일의 과즙이 너무 많다면 빵 위에 올렸을 때 빵이 눅눅해지지 않도록 키친타월로 살짝 눌러 수분을 제거한 뒤 올려내세요.

달걀모닝빵 (10분)

날이 쌀쌀해지면 허기도
더욱 잘 느껴지는 것 같지요?
바로 우리 몸이 체온을 유지하기 위해
날이 더울 때보다 더 많은 칼로리를
소모하기 때문입니다.
달걀과 밀가루 반죽이 들어간
겨울철 대표적인 길거리 음식,
달걀빵을 생각나게 하는 달걀모닝빵으로
따뜻한 아침식사 하고 나가세요.

재료
모닝빵 2개, 달걀 2개, 다진 양파 1큰술, 올리브유·
소금·후추 약간씩

이렇게 만들어요
01 모닝빵은 바닥이 뚫리지 않게 조심해서 달걀 1개가 들어갈 정도만 뜯어 구멍을 낸다.
02 구멍을 낸 모닝빵에 다진 양파를 넣고 달걀을 넣은 뒤 소금, 후추로 간한다.
03 재료를 채워 넣은 모닝빵에 올리브유를 바른 뒤 전자레인지에 3~5분 정도 익힌다.

01

02

Cooking Point
• 다진 양파 이외에도 다진 토마토, 다진 파프리카, 다진 브로콜리를 넣어도 맛있어요.
• 오븐을 사용할 경우 190℃로 예열하여 7~8분 정도 익혀내세요.

브로콜리샌드위치

15분

수프, 반찬, 샐러드, 음료……. 브로콜리는 어떤 요리로 만들어도 잘 어울리는 건강 식재료예요. 부드럽게 데친 뒤 달걀과 곁들여 샌드위치를 만들면 맛, 영양, 생김새까지 어느 것 하나 빠지지 않는 싱그러운 아침식사가 완성됩니다.

재료
식빵 2장, 달걀 1개, 브로콜리 1/4송이(80g), 슬라이스치즈 1장, 머스터드·마요네즈 1큰술씩, 소금·흰후추 약간씩

이렇게 만들어요

01 식빵은 마른 팬이나 토스터에 노릇하게 굽는다.
02 달걀은 완숙으로 삶은 뒤 칼이나 에그커터를 이용해 5mm 두께로 동글동글하게 썬다.
03 브로콜리는 한입 크기로 송이를 나누어 끓는 물에 데친 뒤 1cm 두께로 저미며 소금, 흰후추를 넣고 살짝 버무린다.
04 구운 식빵의 한쪽 면에 머스터드와 마요네즈를 섞어 바른다. 그 위에 슬라이스치즈, 달걀, 브로콜리 순으로 올리고 머스터드와 마요네즈를 바른 식빵으로 덮어 한입 크기로 썬다.

Cooking Point
- 냉장고에서 바로 꺼낸 달걀은 삶는 동안 온도차에 의해 깨지게 되므로 실온에 두었다가 삶는 것이 좋아요. 실온에 둔 달걀을 찬물에 넣고 10분 내외로 삶으면 반숙, 10~12분 정도 삶으면 완숙이 돼요.

토르티야굴샐러드롤

13분

멕시칸의 전통 식재료인 토르티야는
어떤 소를 넣느냐에 따라
천차만별의 맛을 내는 훌륭한 식재료예요.
토르티야굴샐러드롤은
굴과 각종 채소를 넣어 담백하면서도
상큼한 맛이 일품이랍니다.

재료

토르티야 1장, 굴 2개, 양배추(1/4개 크기) 2장, 오이·양파 1/4개씩, 다진 땅콩 2큰술, 마요네즈 1큰술, 머스터드·식초 1작은술씩, 소금 1/2작은술, 후추·쌀눈유 약간씩

이렇게 만들어요

01 양배추, 오이, 양파는 곱게 채썬 뒤 소금, 후추를 살짝 뿌려 절인다.
02 굴은 껍질을 벗겨 큼직하게 썬다.
03 절여둔 채소를 꼭 짜서 큼직하게 썬 굴과 섞은 뒤 마요네즈, 머스터드, 식초에 살살 버무려 굴샐러드를 만든다.
04 토르티야의 양면에 쌀눈유를 살짝 바른 뒤 마른 팬에 넣고 노릇하게 굽는다.
05 구운 토르티야 위에 굴샐러드를 올린 뒤 다진 땅콩을 뿌리고 돌돌 말아 고정해서 한입 크기로 썬다.

Cooking Point

- 채소를 살짝 절인 뒤 꼭 짜서 물기를 제거해 넣어야 토르티야가 찢어지지 않아요.
- 요리를 만들고 남은 토르티야는 냉동해두었다가 살짝 녹인 뒤 팬에 다시 구워서 사용하세요.

01

04

녹차크림치즈베이글

5분

유대인의 빵, 베이글은 씹을수록 담백한 맛 때문에 커피를 즐겨 먹는 곳에서 아침식사 메뉴로 사랑받게 되었죠. 쌉쌀한 맛이 일품인 녹차크림치즈를 바른 베이글과 따뜻한 아메리카노 한 잔만 있다면 뉴요커 부럽지 않은 명품 아침식사가 완성됩니다.

재료
베이글 1개, 크림치즈 3큰술, 꿀 2작은술, 녹차가루 1/2작은술, 민트잎 약간

Cooking Point
- 민트잎이 씹히면 녹차크림치즈의 쌉쌀한 맛이 더욱 살아나서 좋아요. 민트잎이 없다면 녹차를 우려 먹고 남은 찻잎을 넣고 만들어도 잘 어울려요.

이렇게 만들어요
01 베이글은 반으로 갈라 마른 팬에 살짝 굽는다.
02 민트잎은 잘 씻은 뒤 돌돌 말아 채썰거나 굵직하게 다진다.
03 작은 볼에 크림치즈, 꿀, 녹차가루를 넣어 고루 섞어 녹차크림치즈를 만든다.
04 구운 베이글의 단면에 녹차크림치즈를 바른 뒤 다진 민트잎을 뿌린다.

사과햄크루아상

우리나라의 밥처럼
곁들이는 재료에 따라
천차만별로 변신하는 빵 중 하나가
크루아상과 바게트예요.
'아침에 먹는 사과는 金'이라는 말이 있듯이
사과와 함께 곁들여 먹으면
건강에 더욱 좋아요.

재료
크루아상 1개, 샌드위치용 슬라이스햄 3장, 슬라이스에멘탈치즈 1장, 완숙 토마토(작은 것) 1/2개, 사과 1/4쪽, 양파 1/6개, 양상추 1장, 오이피클슬라이스 3쪽, 버터 약간

이렇게 만들어요

01 크루아상은 끝 부분을 1.5cm 정도 남겨 완전히 갈라지지 않게 반으로 잘라 단면에 버터를 바른다.
02 슬라이스햄은 끓는 물에 살짝 데친다. 토마토는 모양을 살려 슬라이스한다.
03 사과는 초승달 모양으로 도톰하게 썬다. 양파는 곱게 채썰어 찬물에 담갔다 건진다.
04 양상추는 한입 크기로 뜯어 찬물에 담갔다 건진 뒤 키친타월로 살살 눌러 수분을 제거한다.
05 버터를 바른 크루아상에 양상추, 슬라이스햄, 양파, 사과, 토마토, 슬라이스에멘탈치즈, 오이피클슬라이스 순으로 끼운다.

Cooking Point
- 빵의 단면에 버터나 크림치즈, 마요네즈를 발라 재료의 수분이 빵에 스며들지 않도록 하세요.

애플시나몬토스트

부드럽게 조린 사과와 달콤하고 촉촉한 프렌치토스트는 남녀노소 모두의 입맛을 충족시켜준답니다. 프렌치토스트 위에 올리는 사과는 바나나나 파인애플로 대체해서 만들어도 맛있어요.

재료
식빵 2장, 사과 1/2개, 달걀 1개, 우유 3큰술, 꿀 2작은술, 설탕 1작은술, 올리브유·쌀눈유·계피가루 약간씩

이렇게 만들어요
01 접시에 달걀을 푼 뒤 우유, 설탕을 넣고 섞는다.
02 달걀, 우유, 설탕을 섞은 접시에 식빵을 넣어 적신다.
03 사과는 씨를 제거하고 껍질째 초승달 모양으로 썬다.
04 달군 팬에 올리브유를 두르고 초승달 모양의 사과와 꿀을 넣어 볶는다.
05 적신 식빵은 쌀눈유를 두른 팬에 넣고 노릇하게 굽는다.
06 구운 식빵 위에 볶은 사과를 올리고 계피가루를 솔솔 뿌린다.

Cooking Point
• 프렌치토스트용 식빵은 하루나 이틀 정도 지나 딱딱해지기 시작한 것이 가장 좋아요.

치아바타핫도그

토마토와 소시지는 브런치 메뉴에도
자주 등장하는 대표적인 아침 식재료지요.
부드러운 이탈리안 브레드인
치아바타를 이용해 만들면
모닝커피와 잘 어울리는
치아바타핫도그가 완성됩니다.

재료
치아바타 1개, 프랑크소시지 2개, 완숙 토마토 1/2개, 양파 1/4개, 양배추(1/4통 크기) 4장, 오이피클슬라이스 4쪽, 올리브유·소금·후추 약간씩
소스 올리브유 1큰술, 홀그레인머스터드 2작은술, 다진 마늘 1/2작은술, 소금·후추 약간씩

이렇게 만들어요
01 치아바타는 반으로 갈라 마른 팬에 노릇하게 굽는다. 토마토는 모양을 살려 슬라이스한다.
02 양파와 양배추는 곱게 채썬 뒤 올리브유를 두른 팬에 넣고 소금, 후추로 간하여 갈색이 날 때까지 볶는다.
03 프랑크소시지는 잔칼집을 내서 끓는 물에 데쳐 식힌 뒤 올리브유를 두른 팬에 노릇하게 굽는다.
04 구운 치아바타 한쪽 면에 분량의 **소스** 재료를 섞어서 펴 바른다.
05 소스를 바른 치아바타의 한쪽 면에 볶은 양파와 양배추, 슬라이스한 토마토, 오이피클슬라이스, 구운 프랑크소시지 순으로 올린다.
06 치아바타에 바르고 남은 소스를 올린 재료 위에 뿌린 뒤 남은 치아바타 한쪽을 덮어 먹기 좋은 크기로 썬다.

10분 스프레드샌드위치

후다닥 만들어낸
맛있는 스프레드 하나면
근사한 샌드위치를 손쉽게 만들 수 있어요.
달걀맛살스프레드뿐만 아니라
104쪽에 소개된 다른 스프레드를 활용해서
내 입맛에 딱 맞는 샌드위치를
만들어보세요.

재료
잡곡식빵 2장, 달걀맛살스프레드 4큰술(105쪽 참고), 슬라이스치즈 1장, 양상추 1장, 오이피클슬라이스 4쪽, 버터 약간

이렇게 만들어요

01 잡곡식빵은 마른 팬에 노릇하게 굽는다.
02 구운 잡곡식빵의 한쪽 면에 버터를 펴 바른다.
03 양상추는 잘 씻어 물기를 제거한다.
04 버터를 바른 구운 잡곡식빵 위에 슬라이스치즈, 양상추, 달걀맛살스프레드, 오이피클슬라이스 순으로 재료를 올린다.
05 재료를 올린 잡곡식빵 위에 남은 잡곡식빵을 덮어 고정한 뒤 한입 크기로 썬다.

Cooking Point
• 빵칼이 없는 경우, 불에 살짝 달군 식도로 샌드위치를 자르면 깨끗하게 자를 수 있어요.

크림치즈토스트

⏰ 18분

투박한 통식빵을 근사하게 즐기고 싶다면
통째로 달걀물에 담가두었다가 구워
원하는 토핑을 올려내보세요.
만들기 간단할 뿐만 아니라
생김새도 근사해서
분위기 있는 아침식사를 즐기고 싶은 날에
만들어 먹으면 좋은 요리예요.

재료

통식빵(원통형) 1/6개, 크림치즈 3큰술, 꿀 1큰술, 달걀 1개, 우유 2큰술, 설탕 2작은술, 버터 1작은술, 소금 약간

이렇게 만들어요

01 버터는 중탕으로 녹인 뒤 달걀, 우유, 설탕, 소금을 넣고 섞어 달걀물을 만든다.
02 통식빵에 달걀물을 고루 발라 5분 정도 둔다.
03 통식빵에 달걀물이 고루 배어들면 바닥이 두꺼운 팬에 올린 뒤 굴려가며 노릇하게 굽는다.
04 꿀과 크림치즈를 고루 섞은 뒤 한 김 식힌 통식빵 위에 올린다.

01

02

> **Cooking Point**
> • 오븐을 이용하는 경우, 200℃로 예열하여 10분 정도 구워주세요.

# Plus Recipe

빵에 발라 먹는 홈메이드 스프레드

먹어도 먹어도 질리지 않는 참치쪽파스프레드

재료
참치통조림 1캔(또는 참치통조림 큰 것 5큰술), 송송 썬 쪽파 2큰술, 다진 양파 1큰술, 마요네즈 2큰술, 올리브유 1큰술, 소금·후추 약간씩

이렇게 만들어요
01 참치통조림은 체에 밭친 뒤 끓는 물을 부어 기름기를 빼고 포크로 부드럽게 으깬다.
02 볼에 으깬 참치와 송송 썬 쪽파, 다진 양파, 마요네즈, 올리브유를 넣고 살살 섞은 뒤 소금, 후추로 간한다.

Cooking Point
• 기호에 따라 머스터드나 케첩을 약간 섞어도 맛있어요.

부드럽고 담백한 맛을 좋아한다면 햄치즈스프레드

재료
샌드위치용 슬라이스햄 5장, 슬라이스치즈 1장, 마요네즈 2큰술, 머스터드 1작은술

이렇게 만들어요
01 슬라이스햄은 끓는 물에 데친 뒤 슬라이스치즈와 함께 잘게 다져둔다.
02 볼에 다진 슬라이스햄과 다진 슬라이스치즈, 마요네즈, 머스터드를 넣고 살살 버무린다.

Cooking Point
• 일반 햄이나 스팸 등을 잘게 다져 사용해도 좋아요.

퍽퍽한 빵만 먹자니 질리고, 갖은 재료를 넣어 샌드위치로 먹자니 시간이 촉박하다면
잼처럼 간단하게 발라 먹을 수 있는 스프레드를 만들어보세요.
빠르고 쉽게, 든든하고 맛있는 아침식사가 완성될 거예요.

친숙해서 더욱 좋아하는 달걀맛살스프레드

재료
달걀 1개, 맛살 2줄, 마요네즈 2큰술, 쌀눈유·소금·후추 약간씩

이렇게 만들어요
01 맛살은 끓는 물에 살짝 데친 뒤 잘게 다진다.
02 달걀은 고루 풀어 쌀눈유를 두른 달군 팬에 넣고 스크램블 에그를 만든다.
03 스크램블 에그에 다진 맛살을 넣고 볶은 뒤 불을 끄고 마요네즈, 소금, 후추를 넣어 섞는다.

Cooking Point
- 스크램블 에그를 만들 때는 풀어둔 달걀을 팬에 넣고 젓가락으로 흩뜨려가며 익혀주세요.
- 맛살 대신 어묵이나 햄을 사용해도 좋아요.

감칠맛나는 우리집 인기 스프레드 명란감자스프레드

재료
명란젓 1/2쪽, 감자 1개, 마요네즈 2큰술, 머스터드 1/2작은술, 레몬즙 1작은술, 소금·후추 약간씩

이렇게 만들어요
01 명란젓은 알집에서 알만 긁어낸다. 감자는 부드럽게 삶아 체에 내린다.
02 볼에 알만 긁어낸 명란젓과 체에 내린 감자를 넣고 마요네즈, 머스터드, 레몬즙을 넣어 고루 버무린 뒤 소금, 후추로 간한다.

Cooking Point
- 감자 대신 고구마를 사용해도 맛있어요.

 직접 만들어 더 건강한 쌀가루 건강빵

사 먹는 빵은 왠지 믿음이 가지 않을 때, 집에서 빵을 만들고 싶지만 엄두가 안 난다고요?
밀가루 빵보다 만들기 쉽고, 건강에는 더욱 좋은 쌀가루 건강빵을 만들어보세요.
가장 많이 먹는 기본적인 식빵과 모닝빵을 소개했으니, 여유로운 주말에 미리 만들어
일주일을 풍요롭게 즐기세요.

재료
DRY 강력쌀가루 400g, 인스턴트드라이이스트 8g, 설탕 40g, 소금 6g
WET 물 300㎖, 달걀 1개, 쌀눈유 30g

이렇게 만들어요

01 볼에 분량의 **DRY** 재료를 넣고 고루 섞는다.

02 WET 재료의 물과 달걀을 고루 섞어 1에 넣고 한 덩어리가 되게 섞는다. 수분이 보이지 않게 잘 섞이면 쌀눈유를 넣어 매끈하고 차지게 반죽한다.

03 식빵을 만들 경우, 반죽을 3등분으로 나눈다.
모닝빵을 만들 경우, 반죽을 40g씩 떼어내어 매끈하게 둥글린다.

04 돌돌 말아 식빵틀에 넣고 틀 높이 정도로 부풀어오를 때까지 30~40분 정도 발효시킨 뒤 190℃로 예열된 오븐에 넣고 30분 정도 굽는다.
모닝빵을 만들 경우, 20분 정도 발효시킨 뒤 190℃로 예열된 오븐에 넣고 15~20분 정도 굽는다.

Cooking Point
- 쌀가루 빵은 밀가루 빵과 달라 발효를 1번만 하는 것이 좋아요.

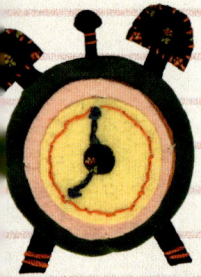

온 가족의 건강을 생각한 한그릇
건강하게! 채소로 만든 아침밥

단호박, 고구마, 감자, 옥수수 등……. 몸에 좋은 채소를 매일 아침 먹을 수 있다면 참 좋을 텐데,
씻어서 삶고 껍질을 벗기는 번거로운 과정 때문에 포기한 지 오래라고요?
주말에 한꺼번에 손질해둔 채소를 알맞게 보관해둔다면
건강한 아침밥을 순식간에 차려낼 수 있답니다.
매일 아침, 채소로 만든 아침밥 한그릇으로 온 가족의 건강을 책임져보세요.

Part 5

10분 옥수수버터구이

옥수수는 시간이 지날수록
보관이 힘들어 한 솥 가득 쪄내
식탁에 그대로 쌓아두기 일쑤입니다.
이제부터는 찐 옥수수를 냉동실에 얼려
각종 요리에 응용해보세요.
바쁜 아침에 요긴한
식재료로 이용할 수 있을 거예요.

재료

냉동해둔 찐 옥수수 1개(또는 베이비콘통조림 1/2컵), 달걀 1개, 소금·후추 약간씩
마늘버터소스 녹인 버터 1큰술, 다진 마늘 2작은술, 다진 파슬리·소금 약간씩

이렇게 만들어요

01 옥수수는 찬물에 담가두거나 전자레인지를 이용해 해동한 뒤 2~3등분한다.
02 분량의 **마늘버터소스** 재료를 섞어 마늘버터소스를 만든다.
03 2~3등분한 옥수수에 마늘버터소스를 바른 뒤 바닥이 두꺼운 팬에 넣고 굴려가며 굽는다.
04 옥수수를 구워낸 팬에 달걀을 깨뜨려 넣고 반숙으로 익힌 뒤 소금, 후추를 뿌려 3에 곁들인다.

Cooking Point

- 베이비콘통조림은 끓는 물에 살짝 데쳐서 사용하세요.
- 오븐을 이용하는 경우, 200℃로 예열하여 7~8분 정도 구워주세요.

옥수수샐러드 13분

채소만 잔뜩 담긴 샐러드 한 접시에는
뇌의 활동에 필요한
포도당 등의 영양분이 부족해요.
아침식사로 샐러드를 먹을 때는
탄수화물이 풍부한 곡류나
옥수수, 감자, 고구마 등을 곁들이는 게
건강에 더욱 좋아요.

재료
냉동해둔 찐 옥수수알(또는 옥수수통조림) 1컵, 브로콜리 1/2송이, 양파 1/4개, 방울토마토 5개, 블랙올리브 2개, 소금 약간
사과드레싱 사과·양파 1/4개씩, 레몬즙(또는 식초) 3큰술, 올리브유 2큰술, 설탕 1큰술, 소금 1작은술, 후추 약간

이렇게 만들어요
01 옥수수알은 끓는 물에 살짝 데친다.
02 브로콜리는 한입 크기로 자른 뒤 소금을 넣은 끓는 물에 살짝 데친다.
03 양파는 곱게 채썰어 찬물에 담갔다 건진다.
04 방울토마토는 2~4등분한다. 블랙올리브는 모양을 살려 슬라이스한다.
05 **사과드레싱** 재료의 사과와 양파는 깍둑썰고 나머지 **사과드레싱** 재료와 함께 믹서에 넣고 곱게 갈아 사과드레싱을 만든다.
06 옥수수알, 브로콜리, 양파, 방울토마토, 블랙올리브를 고루 섞어 접시에 담고 사과드레싱을 끼얹는다.

Cooking Point
- 옥수수통조림은 끓는 물에 데친 뒤 체에 밭쳐 물기를 뺀 뒤 사용하세요.
- 사과드레싱은 만든 뒤 냉장고에서 일주일 정도 보관이 가능해요.

01

05

아스파라거스팟타이

15분

아스파라거스에는 피로 회복에 좋은 아스파라긴산이 풍부하게 들어 있어요. 지난밤의 고된 업무로 아침에 눈 뜨기조차 힘들 때, 아스파라거스팟타이 한그릇이 기력을 회복하는 데 큰 도움을 줄 거예요.

재료
냉동해둔 미니아스파라거스(또는 생 아스파라거스) 10대, 쌀국수 1줌(80g), 달걀 1개, 홍피망·양파 1/4개씩, 굴소스 1큰술, 쌀눈유 1/2큰술, 소금·후추 약간씩

이렇게 만들어요
01 아스파라거스는 찬물에 담가두거나 전자레인지를 이용해서 해동한다.
02 쌀국수는 찬물에 담가 불려둔다.
03 홍피망과 양파는 5cm 길이로 채썬다.
04 달군 팬에 쌀눈유를 두른 뒤 달걀을 풀어 넣어 스크램블을 만든다.
05 스크램블이 익으면 불린 쌀국수와 굴소스를 넣고 쌀국수가 부드럽게 익을 때까지 볶는다.
06 쌀국수가 익으면 해동한 아스파라거스와 채썬 채소를 팬에 넣고 센불에서 살짝 볶은 뒤 소금, 후추로 간한다.

Cooking Point
• 생 아스파라거스는 밑동을 잘라내고 끓는 소금물에 살짝 데친 뒤 식혀서 사용하세요.

청경채새우수제비

청경채, 새우, 달걀에
부드러운 만두피가 어우러진
청경채새우수제비는 색감이 화려해서
보기만 해도 식욕을 자극하는 요리예요.
입맛 없는 아침에
꼭 만들어 먹어야 할 요리로
강력 추천합니다.

재료

냉동해둔 청경채 3포기(또는 생 청경채나 생 시금치 5포기), 칵테일새우 5마리, 만두피 12장, 달걀 1개, 양파 1/4개, 소금·후추 약간씩
멸치국물 멸치(중간 크기) 10마리, 다시마(5×5cm 크기) 1장, 물 3컵, 국간장 2작은술

이렇게 만들어요

01 청경채는 찬물에 담가두거나 전자레인지를 이용해서 해동한다.
02 달걀은 풀고 양파는 곱게 채썬다.
03 **멸치국물** 재료의 멸치는 내장을 제거한 뒤 냄비에 넣고 달달 볶아 향을 낸다.
04 멸치가 다 볶아지면 나머지 **멸치국물** 재료를 냄비에 넣고 중불에서 끓인다.
05 국물이 우러나면 다시마와 멸치를 건져낸 뒤, 만두피와 채썬 양파를 넣는다.
06 만두피가 절반 정도 익으면 해동한 청경채, 칵테일새우를 넣고 한소끔 끓인 뒤 달걀로 줄알을 치고 소금, 후추로 간한다.

Cooking Point

- 생 청경채나 생 시금치는 길게 2~3등분한 뒤 끓는 소금물에 살짝 데친 다음 식혀서 사용하세요.
- 만두피를 넣을 때는 한 장씩 떼어 넣어야 만두피가 덩어리지지 않아요.

채소치즈유부쌈

15분

유부는 주먹밥이나 쌈요리를 만들 때 유용하게 사용할 수 있는 식재료예요. 토마토와 브로콜리를 살살 버무려 유부 속에 넣고 쌈을 싸면, 바쁜 아침에 나갈 채비를 하면서 하나씩 집어 먹을 수 있는 핑거푸드가 완성됩니다.

재료
한입크기로 썰어 냉동해둔 데친 브로콜리(또는 생 브로콜리) 1/2송이, 방울토마토 10개, 양파 1/4개, 유부 10장, 페더치즈 1큰술
오리엔탈드레싱 올리브유 2큰술, 간장·식초 1큰술씩, 다진 양파 1큰술, 다진 마늘 1/2작은술, 깨소금·설탕 1작은술씩, 소금·후추 약간씩

이렇게 만들어요
01 브로콜리는 찬물에 담가두거나 전자레인지를 이용해서 해동한다.
02 방울토마토는 꼭지를 딴 뒤 큰 것만 2등분한다.
03 양파는 굵직하게 다져 찬물에 담갔다 건진다.
04 유부는 끓는 물에 데쳐 찬물에 헹군 뒤 끝을 살짝 자르고 키친타월로 눌러 물기를 제거한다.
05 해동한 브로콜리, 방울토마토, 양파, 페더치즈를 볼에 넣은 뒤 분량의 **오리엔탈드레싱** 재료를 넣고 버무려 소를 만든다.
06 데친 유부 속에 소를 넣은 뒤 남은 오리엔탈드레싱을 끼얹는다.

Cooking Point
- 생 브로콜리는 한입 크기로 자른 뒤 끓는 소금물에 살짝 데친 다음 식혀서 사용하세요.
- 데친 유부는 물기를 제거해야 소스가 잘 배어요.

시금치 핫샐러드

15분

시금치는 주로 데쳐서 나물로 먹지만
살짝 볶아서 샐러드로 먹으면
색다른 맛을 느낄 수 있어요.
새콤달콤한 토마토와
짭짤한 닭가슴살비엔나소시지를 곁들여
따뜻하게 먹으면 아침 공복에도
든든한 한 끼 식사가 완성됩니다.

재료

시금치 8포기, 8등분해 냉동해둔 토마토 1개분(또는 생 토마토 1개), 닭가슴살비엔나소시지 6개, 양파 1/4개, 올리브유·간장·식초 1큰술씩, 발사믹식초 1작은술, 후추 약간

이렇게 만들어요

01 토마토는 실온에서 해동한다. 양파는 곱게 채썬다.
02 시금치는 잘 씻어 밑동에 칼집을 넣고 2~4가닥으로 포기를 나눈다.
03 닭가슴살비엔나소시지는 잔칼집을 내서 끓는 물에 살짝 데친 뒤 건진다.
04 달군 팬에 올리브유와 채썬 양파를 넣고 볶아 향을 낸다.
05 양파가 노릇하게 볶아지면 데친 닭가슴살비엔나소시지를 넣고 노릇하게 볶은 뒤 포기를 나눈 시금치와 해동한 토마토를 넣고 재빨리 볶는다.
06 시금치와 토마토의 숨이 죽으면 불을 끄고 간장, 식초, 발사믹식초, 후추를 뿌린다.

Cooking Point

- 생 토마토는 끓는 물에 데쳐 껍질을 벗기고 6~8등분해서 사용하세요.
- 시금치와 토마토는 숨이 살짝만 죽을 정도로 센불에서 재빨리 볶아내세요.

고구마닭고기샐러드

웨이트트레이닝으로 근육을 만들 때 많이 먹는 식재료인 닭고기와 고구마! 고단백 건강식품인 닭가슴살과 섬유질이 풍부하고 칼로리가 낮은 고구마가 듬뿍 들어간 샐러드 한접시면 다이어트는 문제없답니다.

재료

찢어서 냉동해둔 데친 닭가슴살 1쪽(또는 유기농 닭가슴살통조림 1캔이나 생 닭가슴살 1쪽), 깍둑썰어 냉동해둔 찐 고구마 1개분(또는 찐 고구마 1개), 청피망·홍피망·양파 1/4개씩, 양상추 2장, 치커리 2줄기, 쌀눈유 2작은술
요구르트드레싱 떠먹는 플레인요구르트 1/2개, 매실청(또는 유자청) 1/2큰술, 프렌치머스터드 약간, 레몬즙(또는 식초) 1/2큰술, 소금·후추 약간씩

이렇게 만들어요

01 닭가슴살은 찬물에 담가두거나 전자레인지를 이용해 해동한다.
02 찐 고구마는 찬물에 담가두거나 전자레인지를 이용해 해동한 뒤 쌀눈유를 두른 팬에 넣어 노릇하게 굽는다.
03 청피망, 홍피망, 양파는 곱게 채썰어 찬물에 담갔다 건진다.
04 양상추와 치커리는 한입 크기로 뜯어 찬물에 담갔다 건진다.
05 모든 재료를 고루 섞어 접시에 담고 분량의 **요구르트드레싱** 재료를 섞어 끼얹는다.

Cooking Point

• 닭가슴살통조림은 먹기 좋게 뜯어서, 생 닭가슴살은 익힌 뒤 먹기 좋게 뜯어서 사용하세요.

단호박 오픈 오믈렛

오픈 오믈렛은 한국의 달걀전,
이탈리아의 프리타타와 비슷해요.
한 조각만 먹어도 든든한 단호박과
아침밥상의 최강 재료 달걀이 만나면
영양궁합도 완벽한 오믈렛이 완성됩니다.

재료
깍둑썰어 냉동해둔 찐 단호박 1컵(또는 생 단호박 1/8개), 달걀 3개, 양파 1/4개, 토마토 1/2개, 우유·다진 모차렐라치즈 3큰술씩, 올리브유·케첩·파슬리가루·소금·흰후추 약간씩

이렇게 만들어요
01 단호박은 찬물에 담가두거나 전자레인지를 이용해 해동한다.
02 양파와 토마토는 사방 1cm 크기로 깍둑썬다.
03 볼에 달걀을 풀고 우유, 다진 모차렐라치즈, 소금, 흰후추를 섞어 달걀물을 만든다.
04 팬에 올리브유를 두르고 깍둑썬 양파와 해동한 단호박을 넣은 뒤 소금, 흰후추로 간해서 볶는다.
05 단호박이 으깨질 정도로 익으면 달걀물과 깍둑썬 토마토를 넣는다.
06 앞뒤로 고루 익으면 팬에서 꺼낸 뒤 부채꼴 모양으로 썰어 접시에 담고 기호에 따라 케첩과 파슬리가루를 뿌린다.

Cooking Point
• 생 단호박은 씨를 긁어내고 껍질을 벗겨 찜통에 찐 뒤 깍둑썰어 사용하세요.

01

05

고구마달걀스팀

일하는 주부에게 아침은 제일 바쁜 시간이기도 하지요. 이렇게 바쁠 때는 용도에 맞게 썰어 냉동실에 얼려둔 찐 고구마를 100% 활용해보세요. 달걀과 함께 곁들여내면 영양 밸런스도 잘 맞는답니다.

재료
동그랗게 썰어 냉동해둔 찐 고구마 1개(또는 찐 고구마 1개), 삶은 달걀 1개, 다진 모차렐라치즈 3큰술, 두부채소딥 2큰술(135쪽 참고)

이렇게 만들어요

01 고구마는 찬물에 담가두거나 전자레인지를 이용해 해동한다.
02 삶은 달걀은 에그커터나 칼을 이용해 5mm 두께로 썬다.
03 바닥이 두꺼운 팬 위에 해동한 고구마와 썬 달걀을 켜켜이 쌓고 두부채소딥과 모차렐라치즈를 올린 뒤 치즈가 흘러내릴 때까지 굽는다.

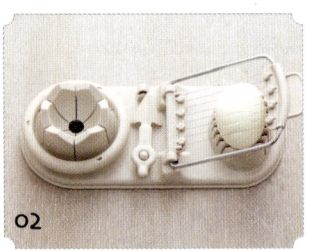

Cooking Point
- 찐 고구마는 껍질째 동그랗고 도톰하게 썰어 사용하세요.
- 오븐을 사용하는 경우, 오븐 용기에 재료를 모두 넣고 190℃로 예열하여 8분 정도 구워주세요.

완두콩마리네이드

⏰ 15분

봄철에 완두콩이 출하되면
한 해 먹을 분량의 완두콩을 구입해서
껍질을 깐 뒤 살짝 데쳐 얼려두세요.
맛도 영양도 색깔도 참 예쁜 완두콩은
일 년 내내 밥에 넣어 먹거나
샐러드로 만들어 먹어도 좋은 식재료예요.

재료

냉동해둔 데친 완두콩(또는 생 완두콩이나 완두콩 통조림) 3큰술, 방울토마토 15개, 양파 1/4개, 생식용 두부 1/4모(100g)
오렌지드레싱 깍둑썬 오렌지 과육 1컵, 양파 1/4개, 쌀눈유 3큰술, 식초 2큰술, 레몬즙·설탕 1큰술씩, 소금 1작은술, 파슬리가루·후추 약간씩

이렇게 만들어요

01 완두콩은 끓는 물에 살짝 데친다. 양파는 굵직하게 깍둑썬다.
02 방울토마토는 꼭지를 따서 끓는 물에 살짝 데친 뒤 재빨리 찬물에 담갔다 건져 껍질을 벗긴다.
03 두부는 키친타월로 감싸 접시나 도마로 눌러 수분을 뺀 뒤 사방 1.5cm 크기로 깍둑썬다.
04 볼에 데친 완두콩과 방울토마토, 깍둑썬 양파와 두부를 고루 섞어 담는다.
05 분량의 **오렌지드레싱** 재료를 믹서에 넣고 곱게 간 뒤 4에 뿌린다.

Cooking Point

- 생 완두콩은 끓는 소금물에 부드럽게 데쳐서, 완두콩통조림은 끓는 물에 데친 뒤 체에 밭쳐 물기를 빼서 사용하세요.
- 저녁에 미리 만들어 냉장해두었다가 아침에 꺼내 따뜻한 스프나 빵과 함께 먹어도 좋아요.

02

03

미역잔멸치샐러드

18분

건강에 좋은 콩이나 두부도 너무 자주 먹으면 몸속의 요오드 성분이 소화 작용을 위해 소모되기 때문에 만성피로와 부종 등이 생길 수 있어요. 요오드가 풍부한 미역, 다시마 등 해조류로 만든 아침밥으로 누적된 피로를 날려버리세요.

재료
냉동해둔 불린 미역 1컵(또는 마른 미역 2큰술), 냉동해둔 삶은 모둠콩(또는 생 모둠콩이나 콩통조림) 3큰술, 잔멸치 2큰술, 양상추 3장, 치커리 3줄기, 방울토마토 5개, 쌀눈유 약간
발사믹드레싱 올리브유 2큰술, 발사믹식초 · 레몬즙 1큰술씩, 설탕 · 소금 1작은술씩, 통깨 · 후추 약간씩

이렇게 만들어요
01 불린 미역은 찬물에 담가 해동한 뒤 끓는 물에 살짝 데쳐 식힌다.
02 모둠콩은 끓는 물에 살짝 데친다.
03 잔멸치는 쌀눈유를 살짝 두른 팬에 노릇하게 볶아낸다.
04 양상추와 치커리는 한입 크기로 뜯어 찬물에 담갔다 건진다.
05 방울토마토는 잘 씻어 꼭지를 따고 2~4등분한다.
06 모든 재료를 고루 섞어 볼에 담고 분량의 **발사믹드레싱** 재료를 섞어 뿌린다.

Cooking Point
- 마른 미역은 찬물에 담가 30분 정도 불린 뒤 깨끗이 씻어 건져내 송송 썰어 사용하세요.
- 생 모둠콩은 끓는 소금물에 넣고 말랑해질 때까지 데쳐서, 콩통조림은 체에 밭쳐 끓는 물을 끼얹은 뒤 사용하세요.

감자애호박옹심이

강원도식 수제비, 옹심이는
강판 대신 믹서와 체를 이용하면
쉽고 빠르게 만들 수 있답니다.
감자애호박옹심이는 한가한 주말에
미리 만들어서 냉동해두었다가
아침에 데워 먹으면
간편하고도 든든한
아침식사 한그릇이 완성됩니다.

재료
냉동해둔 감자애호박옹심이 1컵, 달지 않은 두유 2컵, 물 1컵, 꿀·소금 약간씩
감자애호박옹심이 감자 1개, 애호박 1/4개, 물 1/2컵, 소금 약간

이렇게 만들어요
01 감자애호박옹심이는 찬물에 담가 해동한다.
02 두유와 물을 냄비에 넣고 중불에서 한소끔 끓인 뒤 해동한 감자애호박옹심이를 넣고 익힌다.
03 감자애호박옹심이가 익으면 그릇에 담고 꿀이나 소금을 곁들인다.

Cooking Point
감자애호박옹심이 만들기
01 감자, 애호박을 큼직하게 썰어 물과 함께 믹서에 간다.
02 믹서에 곱게 갈리면 체에 내려 건더기와 물을 분리한다.
03 체에 내린 물을 가만히 두어 앙금을 가라앉힌 뒤 윗물만 따라 버린다.
04 체에 거른 건더기와 앙금을 볼에 담고 소금을 약간 넣어 동글납작한 옹심이를 만든 뒤 끓는 물에 70% 정도 익혀 냉동실에 얼린다.

미트소스감자

10분

튀기고, 찌고, 볶고……
조리법에 따라 다양한 맛을 내는 감자는
약간만 먹어도 포만감을 느낄 수 있어
아침식사 재료로 매우 좋답니다.
사과보다 비타민C가 풍부하게 들어 있어
피로를 풀어주는 역할도 하는 감자를
미트소스와 함께 즐겨보세요.

재료
으깨서 냉동해둔 찐 감자 1컵(또는 찐 감자 1개), 오이 1/2개, 당근 1/4개
미트소스 다진 쇠고기 80g, 다진 양파 2큰술, 다진 마늘 1작은술, 냉동 토마토소스 3큰술(29쪽 참고), 올리브유 1작은술, 소금·후추 약간씩

이렇게 만들어요
01 감자는 끓는 물에 중탕으로 데워 해동한다.
02 오이, 당근은 2cm 너비, 8cm 길이 정도로 잘라 채소스틱을 만든다.
03 달군 팬에 **미트소스** 재료의 올리브유를 두르고 다진 양파, 다진 마늘, 다진 쇠고기를 넣어 달달 볶는다.
04 3에 **미트소스** 재료의 냉동 토마토소스를 넣고 간이 배이게 볶은 뒤 소금, 후추로 간하여 미트소스를 만든다.
05 해동한 감자 위에 미트소스를 끼얹고 채소스틱을 곁들인다.

Cooking Point
- 찐 감자는 온기가 남아 있을 때 포크로 으깬 뒤 체에 내려서 사용하세요.
- 감자는 따뜻한 온기가 없으면 잘 으깨지지 않기 때문에 감자를 미리 으깨어 보관하거나 찐 감자를 살짝 데워서 사용하세요.

오리엔탈대파오믈렛

오리엔탈대파오믈렛은
중국 여행 때 먹었던 달걀탕을
변형해서 만들어본 요리예요.
오랫동안 볶아 달콤해진 대파와
달콤하고 짭짤한 맛간장,
부드러운 오믈렛의 조화로운 맛은
한 번 맛보면 잊을 수 없답니다.

재료

송송 썰어 냉동해둔 대파 1컵(또는 생 대파 2대), 달걀 2개, 오리엔탈맛간장 2큰술(또는 간장 1과 1/2큰술, 올리고당 1/2큰술, 청주 1큰술), 쌀눈유 1큰술, 통깨·소금·후추 약간씩

이렇게 만들어요

01 대파는 봉지째 주물러 낱개로 떼어낸다.
02 달걀은 잘 푼 뒤 소금, 후추로 간해 달걀물을 만든다.
03 팬에 쌀눈유를 두르고 낱개로 떼어낸 대파를 넣어 노릇하게 볶다가 달걀물을 붓는다.
04 달걀물과 대파를 젓가락으로 흩트려가며 볶은 뒤 럭비공 모양으로 만들어 오믈렛을 완성한다.
05 오믈렛이 뜨거울 때 접시에 담고 오리엔탈맛간장과 통깨를 뿌린다.

Cooking Point

- 생 대파는 송송 썰어 사용하세요.
- 대파가 충분히 볶아져야 매운맛이 없고 단맛이 나요.
- 달걀은 몽글몽글하게 익혀야 도톰한 럭비공 모양이 잘 만들어져요.

웨지감자고구마

10분

쪄둔 감자와 고구마가 남았을 때 만들어 먹으면 좋은 메뉴예요. 아침식사로도 좋지만 간식이나 맥주 안주로도 잘 어울린답니다. 여러 가지 허브로 맛을 내면 색다른 맛의 웨지감자고구마를 즐길 수 있어요.

재료
냉동해둔 찐 감자(또는 생 감자) 1개, 냉동해둔 찐 고구마(또는 생 고구마) 1개, 올리브유·다진 양파 1큰술씩, 다진 허브 1작은술, 올리브유·천일염·후추 약간씩

이렇게 만들어요
01 감자와 고구마는 찬물에 담가두거나 전자레인지를 이용해 해동한 뒤 웨지 모양으로 자른다.
02 올리브유 1큰술에 다진 양파와 다진 허브, 천일염, 후추를 넣고 섞는다.
03 웨지 모양으로 자른 감자와 고구마를 볼에 담고 2를 넣어 살살 버무린다.
04 팬에 올리브유를 약간 두른 뒤 버무린 감자와 고구마를 넣고 노릇하게 굽는다.

Cooking Point
- 생 감자, 생 고구마는 껍질째 웨지 모양으로 잘라 찬물에 담가서 녹말기를 뺀 뒤 쪄서 사용하세요.
- 감자와 고구마는 껍질을 벗기지 말고 구워야 식감이 더욱 좋아요.
- 오븐을 사용하는 경우, 190℃로 예열하여 7~8분 동안 구워주세요.

딥해시브라운 ⏰ 25분

해시브라운은 감자를
으깨서 구운 감자팬케이크로
서양에서 아침식사로 많이 먹는 요리예요.
칼로리가 조금 높다는 단점이 있지만,
두부채소딥과 구운 토마토를 곁들이면
칼로리도 줄일 수 있고 심장병 예방에도
좋은 건강 아침밥이 완성됩니다.

재료
으깨서 냉동해둔 찐 감자 1컵(또는 찐 감자 1개), 냉동해둔 찐 옥수수알(또는 옥수수통조림) 3큰술, 토마토 1개, 다진 양파 2큰술, 빵가루 2큰술, 올리브유 1큰술, 두부채소딥 3큰술(135쪽 참고), 소금·후추 약간씩

이렇게 만들어요
01 감자와 옥수수알은 찬물에 담가두거나 전자레인지를 이용해 해동한다.
02 토마토는 잘 씻어 꼭지를 따고 모양을 살려 1cm 두께로 슬라이스한다.
03 해동한 옥수수알과 다진 양파는 올리브유를 두른 달군 팬에 볶는다.
04 옥수수알과 다진 양파가 노릇하게 볶아지면 팬에서 꺼내 놓는다.
05 4에 해동한 감자와 빵가루를 넣고 고루 섞어 소금, 후추로 간한 뒤 동글 납작하게 빚는다.
06 올리브유를 두른 팬에 5를 넣고 중불에서 노릇하게 굽다가 슬라이스한 토마토를 넣고 센불에서 살짝 구워낸 뒤 두부채소딥을 곁들인다.

Cooking Point
• 찐 감자는 살짝 데쳐서 포크로 으깬 뒤 체에 내려서, 옥수수통조림은 체에 밭쳐 끓는 물을 끼얹어서 사용하세요.

치즈견과딥스팀단호박

너무 바쁜 아침에는 찐 단호박 한 쪽으로 간단하게 허기를 채워보세요.
자칫 퍽퍽할 수 있는 찐 단호박에 부드러운 치즈견과딥을 곁들이면,
식감도 좋을 뿐만 아니라 영양 밸런스도 잘 맞는 요리가 완성된답니다.

재료
웨지 모양으로 잘라 냉동해둔 찐 단호박 1/6통(또는 미니 단호박 1개),
치즈견과딥 3큰술(134쪽 참고)

이렇게 만들어요
01 단호박은 찬물에 담가두거나 전자레인지를 이용해 해동한다.
02 해동한 단호박에 치즈견과딥을 올린 뒤 전자레인지나 190℃로 예열한 오븐에 넣고 3~5분 정도 데운다.

Cooking Point
- 미니 단호박은 큼직하게 잘라 껍질을 대충 벗기고 김이 오른 찜통에 넣어 부드럽게 찐 뒤 사용하세요.
- 단호박 대신 고구마나 감자를 사용해도 맛있어요.

감자고구마버무리

찐 감자를 창난젓에 버무려
김 위에 올린 짭짤한
일본 핑거푸드를 변형한 요리예요.
창난젓 대신 담백한 명란젓을 넣은
감자고구마버무리는 바쁜 아침에
비빔밥처럼 쓱쓱 비벼 먹고 가기에 좋아요.

재료

냉동해둔 찐 감자 1개, 냉동해둔 찐 고구마 1/2개, 명란젓 1/2쪽, 마요네즈 1큰술, 레몬즙 1작은술, 송송 썬 쪽파 1큰술, 소금·후추 약간씩

이렇게 만들어요

01 감자와 고구마는 찬물에 담가두거나 전자레인지를 이용해 해동한 뒤 껍질을 벗기고 포크로 대충 으깬다.
02 명란젓은 양념을 닦아내고 알만 긁어 레몬즙과 송송 썬 쪽파에 버무린다.
03 볼에 1과 2, 마요네즈와 소금, 후추를 넣고 버무린다.

Cooking Point

- 감자와 고구마가 차가우면 잘 으깨지지 않으므로 전자레인지나 찜기에 살짝 데워서 사용하세요.
- 명란젓 대신 잘게 다진 오징어젓이나 꼴뚜기젓을 넣고 버무려도 좋아요.

단호박식빵푸딩

단호박과 식빵의 부드러운 식감으로 공복에 먹기 부담 없는 요리입니다. 오븐이 없어도 바닥이 두꺼운 팬만 있으면 쉽게 만들 수 있어요. 단호박 대신 호박고구마를 사용해도 맛있답니다.

재료
깍둑썰어 냉동해둔 찐 단호박 1/8통, 식빵 3장, 다진 견과류 2큰술
충전물 우유 1/2컵, 달걀 1개, 꿀 1큰술, 계피가루 약간

02

03

이렇게 만들어요

01 단호박은 찬물에 담가두거나 전자레인지를 이용해 해동한다. 식빵은 테두리를 잘라내 큼직하게 썬다.
02 오븐 용기에 큼직하게 썬 식빵을 깔고 해동한 단호박을 올린다.
03 분량의 **충전물** 재료를 고루 섞어 2에 붓는다.
04 다진 견과류를 뿌린 뒤 200℃로 예열한 오븐에 넣고 17~18분 정도 굽는다.

Cooking Point

- 너무 깊은 오븐 용기를 사용하면 익는 시간이 오래 걸리므로 바닥이 넓고 깊이가 얕은 용기를 사용하는 것이 좋아요.
- 오븐이 없는 경우, 바닥이 두꺼운 팬에 용기 모양으로 만든 은박지를 깔고 그 안에 재료를 넣어 약불에서 구워주세요. 은박지는 충전물이 익기 전에 식빵이 타지 않게 도와줘요.

버섯스크램블

학창 시절, 늦잠이라도 자는 날에
엄마께서 늘 해주시던 달걀프라이 반숙.
그땐 엄마의 마음도 모른 채
공복으로 등교하곤 했어요.
바쁜 아침, 입맛 없다고 굶지 말고
부드럽게 익힌 스크램블로 든든하게
아침식사 하고 나가세요.

재료

냉동해둔 버섯양파볶음 1컵(또는 양송이버섯·표고버섯 2개씩, 양파 1/4개, 쌀눈유 1/2큰술, 소금·후추 약간씩), 큐브형 크림치즈 3개(또는 크림치즈 1과 1/2큰술), 달걀 2개, 쌀눈유 1큰술, 소금·후추 약간씩

이렇게 만들어요

01 버섯양파볶음은 찬물에 담가두거나 전자레인지를 이용해 반 정도 해동한다.
02 달걀은 볼에 넣고 곱게 풀어 소금, 후추로 간한다.
03 달군 팬에 쌀눈유를 두르고 해동한 버섯양파볶음을 넣어 볶는다.
04 버섯양파볶음이 볶아지면 달걀을 넣고 젓가락으로 휘휘 저어가며 익힌다.
05 달걀이 반 정도 익으면 큐브형 크림치즈를 넣고 젓가락으로 휘휘 저어가며 전체적으로 익힌다.

Cooking Point

- 냉동 버섯양파볶음이 없는 경우, 양송이버섯과 표고버섯은 모양을 살려 슬라이스하고 양파는 곱게 채썰어 소금과 후추로 간한 뒤 쌀눈유를 두른 팬에 볶아 사용하세요.
- 스크램블은 달걀이 익기 전 젓가락으로 부지런히 저어주어야 달걀이 부풀어 올라 부드러워집니다.

시금치달걀코코트

'코코트'는 프랑스어로 작은 볼이나 냄비를 뜻해요. 요즘은 코코트에 달걀이나 크림을 넣은 뒤 오븐에 넣고 중탕으로 찐 요리를 총칭하게 되었지요. 작은 볼이나 냄비가 없다면 컵이나 은박용기를 이용해서 만들어도 된답니다.

재료

냉동해둔 데친 시금치 1/4줌(또는 생 시금치 2줄기), 냉동해둔 찐 단호박(또는 생 단호박) 1/10통, 달걀 2개, 우유 1/2컵, 소금·후추 약간씩

이렇게 만들어요

01 시금치는 찬물에 담가두거나 전자레인지를 이용해 해동한 뒤 물기를 짜서 송송 썬다.
02 단호박은 찬물에 담가두거나 전자레인지를 이용해 해동한 뒤 껍질을 벗기고 과육만 작게 깍둑썬다.
03 달걀은 우유와 고루 섞어 소금, 후추로 간해 달걀물을 만든다.
04 코코트에 송송 썬 시금치와 깍둑썬 단호박을 섞어 넣고 달걀물을 붓는다.
05 김이 오른 찜통에 넣고 12~13분 동안 찌거나, 190℃로 예열한 오븐에 물을 넣고 12~15분 동안 찐다.

Cooking Point

- 생 시금치는 끓는 소금물에 살짝 데친 뒤 송송 썰어 물기를 짜서 사용하세요.
- 생 단호박은 껍질과 씨를 제거하고 과육만 잘게 깍둑썰어 끓는 물에 3분 정도 데치거나 전자레인지에 1분 30초 정도 데워서 사용하세요.

단호박퀵샐러드

재료 손질이 번거로운 샐러드를 5분 안에 완성한다면, 믿을 수 있겠어요?
냉동실에 미리 얼려둔 채소만 있다면 얼마든지 가능하답니다.
단순한 아이디어만으로 완성된 영양만점 퀵샐러드, 지금 바로 시도해보세요.

재료
깍둑썰어 냉동해둔 찐 단호박 1컵(또는 찐 단호박 1/6통), 냉동해둔 데친 브로콜리 1/2송이, 삶은 메추리알 5개, 양파 1/4개, 마요네즈드레싱 4큰술(133쪽 참고)

이렇게 만들어요
01 단호박과 브로콜리는 찬물에 담가두거나 전자레인지를 이용해 해동한다.
02 메추리알은 2등분하고 양파는 곱게 채썬다.
03 해동한 단호박과 브로콜리, 2등분한 메추리알, 채썬 양파를 볼에 고루 섞어 담고 마요네즈드레싱을 뿌린다.

Cooking Point
- 찐 단호박은 큼직한 크기로 깍둑썰어 사용하세요.
- 단호박은 버무리는 동안 부서지기 쉬우니 조금 큼직하게 써는 것이 좋아요.
- 삶은 메추리알이 없다면 삶은 달걀로 대체해도 무방해요.

채소에 곁들이는 데일리 드레싱

질리지 않는 동양적인 맛 **오리엔탈드레싱**

재료
올리브유 6큰술, 간장 2큰술, 식초 3큰술, 설탕 1큰술, 다진 양파 2큰술, 다진 마늘 1작은술, 깨소금 2작은술, 소금·후추 약간씩

이렇게 만들어요
모든 재료를 볼에 넣고 고루 섞는다.

Cooking Point
- 향이 강한 샐러드 채소와 해산물, 육류에 두루 어울립니다. 간장 대신 피시소스를 넣거나 다진 고수를 넣으면 색다른 맛이 난답니다.

다이어트 중이라면 **요거트과일청드레싱**

재료
떠먹는 플레인요구르트 1개, 매실청(또는 유자청) 1큰술, 레몬즙(또는 식초) 1큰술, 소금·후추 약간씩

이렇게 만들어요
모든 재료를 볼에 넣고 고루 섞는다.

Cooking Point
- 각종 샐러드 채소와 과일에 잘 어울립니다. 다이어트에 관심이 많은 여성들이 좋아하는 드레싱이에요. 연두부를 갈아 넣으면 부드러운 맛이 살아난답니다.

샐러드는 건강에 좋은 푸른 채소를 많이 먹을 수 있다는 점에서 사이드메뉴라기보다는 하나의 요리로 자리매김하고 있어요. 샐러드를 먹는 데 꼭 있어야 할 드레싱, 그중 한국인의 입맛에 딱 맞는 데일리 드레싱을 소개합니다.

대한민국 대표 드레싱 마요네즈드레싱

재료
마요네즈 6큰술, 식초 1큰술, 설탕 2작은술, 피클국물 2큰술, 다진 양파 2큰술, 다진 피클·다진 파슬리 1작은술씩, 소금·후추 약간씩

이렇게 만들어요
모든 재료를 볼에 넣고 고루 섞는다.

고기 요리에 곁들이면 좋은 과일드레싱

재료
깍둑썬 키위(또는 오렌지, 딸기 등) 1컵, 양파 1/4개, 쌀눈유 3큰술, 식초 2큰술, 레몬즙·설탕 1큰술씩, 소금 1작은술, 후추 약간

이렇게 만들어요
모든 재료를 고루 섞어 믹서에 넣고 곱게 간다.

채소에 곁들이는 데일리 딥

비스킷에 발라 먹으면 좋은 **땅콩버터연유딥**

재료
땅콩버터 5큰술, 연유 1큰술

이렇게 만들어요
모든 재료를 볼에 넣고 고루 섞는다.

신선한 채소와 잘 어울리는 **치즈견과딥**

재료
크림치즈 5큰술, 볶은 다진 견과류 2큰술, 꿀 1큰술

이렇게 만들어요
모든 재료를 볼에 넣고 고루 섞는다.

딥(Dip)은 '살짝 적시다' '담그다'라는 뜻으로, 주로 크래커나 채소스틱을 찍어 먹는 소스를 의미해요. 채소로 만든 아침밥은 자칫 밋밋한 맛이 날 수 있는데 다양한 딥을 곁들여 먹으면 아침밥을 조금 더 맛있고 근사하게 먹을 수 있어요.

고소하고 깊은 맛 **된장호두딥**

재료
된장 5큰술, 볶은 다진 호두 3큰술, 꿀·마요네즈 2작은술씩

이렇게 만들어요
모든 재료를 볼에 넣고 고루 섞는다.

건강 식재료가 듬뿍 **두부채소딥**

재료
생식용 두부 1/2모(200g), 올리브유 3큰술, 레몬즙 2큰술, 다진 땅콩·다진 양파·다진 오이 2큰술씩, 다진 당근 1큰술, 소금 1/2 작은술, 후추 약간

이렇게 만들어요
01 두부는 키친타월로 감싼 뒤 접시나 도마로 눌러 수분을 제거한다.
02 수분을 제거한 두부는 올리브유, 레몬즙, 다진 땅콩과 함께 믹서에 넣고 곱게 간다.
03 곱게 갈아지면 다진 양파, 다진 오이, 다진 당근을 넣고 고루 섞어 소금, 후추로 간한다.

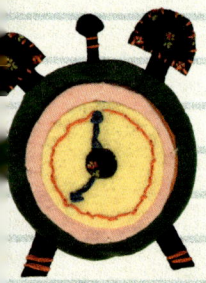

여유로운 주말 아침, 맛과 멋을 담은 한그릇

맛있게!
홈메이드 스타일 주말 브런치

월화수목금…… 일상이 반복되다보면 지치기 마련입니다.
치열한 주중을 이겨내고 찾아온 모처럼의 휴일에는 〈섹스 앤 더 시티〉의 주인공처럼
여유로운 브런치를 즐겨보세요. 이른 오후, 평소 만나지 못했던 친구들이나
점점 대화가 줄어드는 가족들과 먹는 브런치 한접시는
지친 마음을 채워주는 일상의 쉼표가 되어줄 거예요.

Part 6

시금치프리타타

'프리타타'는 이탈리아 오믈렛으로, 럭비공 모양이 아닌 달걀부침개처럼 두툼하고 동그란 모양이에요. 토마토나 양파, 시금치가 듬뿍 들어간 프리타타는 달걀에 채소의 풍미가 배어 한 조각만 먹어도 든든하답니다.

재료

달걀 5개, 시금치 5줄기, 토마토·청피망·양파 1/4개씩, 우유 1/2컵, 쌀눈유 1큰술, 소금·후추 약간씩

이렇게 만들어요

01 달걀은 고루 풀어 우유, 소금, 후추와 섞은 뒤 체에 내려 달걀물을 만든다.
02 시금치는 잘 씻어 송송 썬다. 토마토, 청피망, 양파는 사방 7mm 크기로 썬다.
03 달군 팬에 쌀눈유를 두르고 썬 채소를 살짝 볶는다.
04 채소가 볶아지면 달걀물을 붓고 약불에서 익힌다.

Cooking Point

- 프리타타를 만들 때는 바닥이 두꺼운 무쇠팬을 사용해야 속까지 고르게 익어요. 단, 달걀물을 붓기 전 충분히 달군 뒤 사용하세요.
- 오븐을 사용하는 경우, 190℃로 예열하여 15~18분 정도 익혀주세요.
- 발사믹소스나 간장 1큰술을 살짝 뿌려서 먹으면 풍미가 좋아요.

해물파에야

'파에야'는 스페인의 대표적인 쌀 요리예요.
육류나 해산물을 볶다가 쌀을 넣고
이탈리아의 리조또처럼 볶아내면
고슬고슬한 밥이 완성됩니다.
생 쌀 대신에 즉석밥을,
비싼 사프란 대신에 카레가루를 넣어서
간단하게 만들어보세요.

재료

즉석밥 2개(또는 고슬고슬하게 지은 밥 2공기), 오징어 1/2마리, 칵테일새우 5마리, 홍합살 1/3컵, 양파·청피망·홍피망 1/4개씩, 다진 파 1큰술, 다진 마늘 2작은술, 올리브유 1큰술, 치킨스톡 1/2컵, 카레가루 1과 1/2큰술, 후추 약간

이렇게 만들어요

01 오징어는 잔칼집을 넣고 한입 크기로 썬다. 칵테일새우는 끓는 물에 살짝 데친다. 홍합살은 옅은 소금물에 살살 흔들어 씻은 뒤 체에 밭친다.
02 양파, 청피망, 홍피망은 굵게 채썬다.
03 달군 팬에 올리브유를 두르고 다진 파와 다진 마늘을 볶아 향을 낸 뒤 손질한 해물을 넣고 센불에서 볶는다.
04 해물이 반 정도 익으면 즉석밥과 채썬 채소를 넣고 고루 섞이게 볶는다.
05 채소와 해물이 익으면 치킨스톡, 카레가루, 후추를 섞어 넣고 볶는다.
06 다 볶아진 재료는 바닥에 도톰하게 깐 뒤 중약불에서 바닥에 누룽지가 살짝 생길 때까지 두었다 꺼낸다.

Cooking Point

- 기호에 따라 토마토소스나 칠리소스를 넣은 붉은 파에야를 만들어보세요.

스파이시크로크무슈

'크로크무슈'는 '바삭거리는 아저씨'라는 뜻으로 프랑스의 노동자들이 식어서 뻣뻣해진 샌드위치 위에 치즈를 올려 난로에 따뜻하게 구워 먹기 시작한 데서 유래됐어요. 다진 칠리페퍼를 넣어 끝맛이 개운한 스파이시크로크무슈는 느끼하지 않고 맛있어요.

재료

식빵 4장, 다진 모차렐라치즈 1컵, 다진 에멘탈치즈 1/2컵, 생크림 1/2컵, 슬라이스햄 2장, 다진 양파 3큰술, 다진 칠리페퍼 2큰술

이렇게 만들어요

01 커다란 볼에 다진 모차렐라치즈, 다진 에멘탈치즈, 생크림을 넣고 섞는다.
02 식빵 2장 위에 **1**을 반 정도 덜어서 바르고 다진 양파와 다진 칠리페퍼를 올린다.
03 **2** 위에 슬라이스햄을 올리고 남은 식빵 2장으로 덮은 뒤 세모 모양으로 어슷하게 자른다.
04 자른 식빵 위에 남은 **1**을 올린 뒤 오븐팬 위에 얹고 200℃로 예열한 오븐에서 7~8분간 굽는다.

Cooking Point

- 생크림에 치즈를 섞으면 걸쭉한 농도가 되어 베샤멜소스를 바른 것 같은 효과를 낼 수 있어요.

모닝네기스테이크

'네기'는 일본어로 '파'를 뜻해요.
네기스테이크는 파가 듬뿍 올라간
스테이크라고 생각하면 되죠.
깔끔한 간장소스를 끼얹은
모닝네기스테이크에
미소국과 흑미밥을 곁들이면
먹을수록 든든한
주말 브런치가 완성됩니다.

재료

쇠고기슬라이스(등심 또는 안심) 2쪽(600g), 숙주나물 2줌(200g), 다진 쪽파 3큰술, 흑미밥 1그릇(또는 흑미즉석밥 1개), 소금·후추·쌀눈유 약간씩
간장소스 간장·청주·양파즙·사과즙 3큰술씩, 다시마 우린 물 1컵, 다진 마늘 1작은술, 월계수잎 1장

이렇게 만들어요

01 쇠고기슬라이스는 핏물을 닦아내고 소금, 후추로 밑간해둔다.
02 냄비에 분량의 **간장소스** 재료를 넣고 센불에서 끓인다. 끓어오르면 중불로 7~8분 정도 더 끓인 뒤 체에 걸러 간장소스를 만든다.
03 숙주나물은 깨끗이 씻어 물기를 제거한다.
04 센불로 달군 팬에 쌀눈유를 두른 뒤 밑간해둔 쇠고기슬라이스를 넣고 앞뒤로 굽는다. 표면이 다 구워지면 불을 줄여 속까지 익혀낸다.
05 쇠고기를 구운 팬에 숙주나물과 소금, 후추를 넣고 센불에서 볶아낸다.
06 따뜻하게 데운 그릇에 볶은 숙주나물을 깔고 그 위에 구운 쇠고기를 올린 뒤 다진 쪽파와 간장소스를 뿌리고 흑미밥을 곁들인다.

Cooking Point

- 간장소스는 너무 오래 졸이면 쓴맛이 나므로 적당히 끓여주세요.

04

05

브로콜리카레키쉬

바삭한 타르트 반죽 속에 갖가지 재료를 넣고 짭짤하게 구운 프랑스식 파이인 키쉬는 안에 넣는 재료에 따라 다양한 맛을 낼 수 있어요. 파이필링을 우유나 크림치즈, 토마토, 카레 등으로 다양하게 바꾸어 넣으면 나만의 색다른 키쉬가 완성된답니다.

재료

브로콜리 1/2송이, 유기농 닭가슴살통조림 1캔(또는 삶은 닭가슴살 1쪽), 양파 1/4개, 방울토마토 5개
파이반죽 파이반죽 중력분 1컵+2큰술(150g), 버터 1/3컵(80g), 달걀 1개, 물 1큰술, 소금 약간
파이필링 우유 1/3컵(70㎖), 생크림 1/2컵(100㎖), 달걀노른자 2개분, 간 에멘탈치즈 1/2컵(50g), 카레가루 1큰술(10g), 소금·후추 약간씩

이렇게 만들어요

01 **파이반죽** 재료의 중력분, 버터, 소금은 볼에 넣어 살살 비빈다.
02 1에 나머지 **파이반죽** 재료를 섞어 넣고 반죽한 뒤 냉장고에 넣고 1시간 정도 휴지시킨다.
03 휴지시킨 파이반죽을 7mm 두께로 밀어 타르트틀 크기로 잘라 모양을 낸 뒤 190℃의 오븐에서 10분 정도 굽는다.
04 닭가슴살통조림은 체에 밭친 뒤 먹기 좋은 크기로 뜯는다. 방울토마토는 꼭지를 따고 2~4등분한다.
05 브로콜리는 한입 크기로 송이를 나누어 끓는 물에 살짝 데친다. 양파는 굵게 다진다.
06 볼에 **파이필링** 재료를 넣은 뒤 멍울이 지지 않도록 섞어 파이필링을 만든다.
07 파이틀에 4, 5의 재료를 넣고 파이필링을 부은 뒤 180℃로 예열한 오븐에 넣고 25분 정도 굽는다.

치즈베이글샌드위치

노릇노릇하게 구워진 베이컨은 잘 구워진 삼겹살만큼이나 식욕을 자극하지요. 구운 토마토를 곁들여 건강도 생각한 치즈베이글샌드위치로 입맛 도는 브런치를 차려보세요.

재료
베이글(플레인맛, 양파맛) 2개, 베이컨 4조각, 완숙 토마토 1개, 바질 1줄기, 슬라이스치즈 2장, 소금·통후추 약간씩

이렇게 만들어요

01 베이글은 반으로 갈라 마른 팬이나 토스트기에 노릇하게 구운 뒤 식기 전에 슬라이스치즈를 올린다.
02 토마토는 모양을 살려 슬라이스하고 바질은 굵게 다진다.
03 베이컨은 끓는 물에 살짝 데친 뒤 달군 팬에 올려 노릇하게 굽는다.
04 베이컨이 반쯤 익으면 슬라이스한 토마토를 올린 뒤 소금, 통후추를 뿌려 센불에서 2~3분간 굽는다.
05 슬라이스치즈를 올린 베이글 위에 구운 토마토와 베이컨을 올리고 굵게 다진 바질을 뿌린다.

Cooking Point
- 파마산치즈를 갈아서 더 올려내거나 올리브유와 발사믹식초를 살짝 뿌려 먹어도 풍미가 좋답니다.

아스파라거스크로스티니

'크로스티니'는 이탈리아어로 '작은 토스트'라는 뜻이에요. 도톰하게 썬 빵 위에 여러 가지 토핑을 올려 먹는 브루스케타와 비슷하지요. 아스파라거스와 반숙 달걀을 부드럽게 버무려 올리면 가벼운 브런치로 안성맞춤인 아스파라거스크로스티니가 완성됩니다.

재료
바게트슬라이스 8개, 미니아스파라거스 12대, 양파 1/4개, 달걀 2개, 크림치즈 2큰술, 올리브유 2작은술, 소금 1/2작은술, 파슬리가루·통후추 약간씩

이렇게 만들어요

01 바게트슬라이스는 올리브유를 바른 뒤 오븐팬 위에 놓고 190℃로 예열한 오븐에서 8분 정도 굽는다.
02 미니아스파라거스는 질긴 밑동을 잘라낸 뒤 소금물에 살짝 데쳐 송송 썬다. 양파는 굵직하게 다진다.
03 달걀은 6~8분 정도 삶아 반숙으로 익힌다.
04 볼에 송송 썬 아스파라거스와 다진 양파, 반숙으로 익힌 달걀을 넣고 포크로 으깨 버무린다.
05 4에 크림치즈와 소금, 파슬리가루, 통후추를 넣고 버무린 뒤 구운 바게트 슬라이스 위에 올린다.

Cooking Point
• 바게트는 바삭하게 구워야 버무린 재료를 올려도 쉽게 눅눅해지지 않아요.

피시앤칩스

생선살과 감자를 바삭하게 튀겨
레몬즙과 타르타르소스에 찍어 먹는
피시앤칩스는 영국 서민들의
대표적인 메뉴예요.
바삭한 튀김옷 속에 촉촉한 생선살과
부드러운 감자가 일품이랍니다.

재료
도톰하게 포 뜬 생선살 2줌(300g), 감자 1과 1/2개, 레몬 1/4쪽, 밀가루·파슬리가루·소금·후추 약간씩, 쌀눈유 적당량
튀김옷 밀가루 1컵, 달걀 1개, 얼음물 1컵, 올리브유 2큰술
타르타르소스 마요네즈 3큰술, 식초 1큰술, 다진 양파·다진 피클·다진 당근 1큰술씩, 설탕 1작은술, 후추 약간

이렇게 만들어요
01 생선살은 소금, 후추를 뿌려 밑간한 뒤 밀가루에 살살 버무린다.
02 감자는 껍질을 벗겨 곱게 채썬 뒤 찬물에 담은 상태로 냉장고에 넣어둔다.
03 분량의 **튀김옷** 재료를 섞어 튀김옷을 만든다.
04 밀가루에 버무린 생선살을 튀김옷에 넣은 뒤 170℃로 달군 쌀눈유에 넣고 바삭하게 튀긴다.
05 냉장고에 넣어둔 감자는 물기를 닦아낸 뒤 생선살을 튀긴 쌀눈유에 넣고 바삭하게 튀긴다.
06 튀긴 생선살과 튀긴 감자를 접시에 담고 파슬리가루를 뿌린 뒤 레몬과 분량의 **타르타르소스** 재료를 섞어 곁들인다.

Cooking Point
- 감자는 튀기기 전에 찬물에 담가 녹말 성분을 제거해서 사용하세요.

02

04

새싹에그베네딕트

'베네딕트'라는 성을 가진 부유한 사람이 똑같은 레스토랑의 아침식사에 질려서 주방장에게 주문했다는 유래를 가진 '에그베네딕트'를 살짝 변형한 요리예요. 에그베네딕트에 새싹채소를 곁들여 상큼함을 더한 새싹에그베네딕트로 주말 브런치를 즐겨보세요.

재료
잉글리시머핀 2개(또는 원통형 식빵슬라이스 4장), 달걀 2개, 스팸 4장(1cm 두께로 썬 것), 새싹채소 1팩(50g), 식초물(물 2컵, 식초 2큰술), 쌀눈유 적당량, 버터 약간
홀랜다이즈소스 달걀노른자 1개분, 레몬즙·버터 1/2큰술씩, 우스터소스(또는 간장) 1/4작은술, 소금·흰후추 약간씩

이렇게 만들어요

01 잉글리시머핀은 반으로 갈라 버터를 두른 팬에 노릇하게 굽는다.
02 잉글리시머핀을 구워낸 팬에 식초물을 자박하게 넣고 끓인 뒤 달걀을 넣고 반숙 정도의 수란으로 익힌다.
03 스팸은 끓는 물에 살짝 데친 뒤 쌀눈유를 두른 팬에 노릇하게 굽는다.
04 볼에 분량의 **홀랜다이즈소스** 재료를 넣고 핸드블랜더로 고루 섞는다.
05 끓는 물이 담긴 냄비에 잘 섞은 **4**를 통째로 넣고 2분 정도 중탕해 홀랜다이즈소스를 만든다.
06 구운 잉글리시머핀 위에 구운 스팸과 수란, 새싹채소를 올리고 홀랜다이즈소스를 뿌린 뒤 남은 잉글리시머핀으로 덮는다.

Cooking Point
• 수란을 만들 때는 물이 끓고 있는 상태에서 달걀을 넣어야 모양이 흐트러지지 않아요.

베이비떡갈비덮밥

달콤하고 짭짤한 맛이 일품인 베이비떡갈비는 발라 먹기 쉽고 크기도 작아서 미트볼을 좋아하는 외국인들에게도 인기 있는 메뉴예요. 한입에 쏘옥 들어가는 떡갈비를 올린 덮밥으로 아이부터 어르신들까지 온 가족의 사랑을 한 몸에 받아보세요.

재료

쇠고기(갈빗살) 2줌(200g), 애느타리버섯 1팩(200g), 양파 1/4개, 송송 썬 쪽파 2큰술, 현미밥(또는 현미즉석밥) 2그릇, 소금·후추·쌀눈유·통깨 약간씩

쇠고기양념 간장 2큰술, 찹쌀가루(또는 녹말가루)·설탕·다진 파 1큰술씩, 다진 마늘 1/2큰술, 참기름·청주 2작은술씩, 깨소금 1작은술, 후추·통깨 약간씩

이렇게 만들어요

01 애느타리버섯은 밑동을 잘라 가닥을 나눈다. 양파는 곱게 채썬다.
02 쇠고기는 입자가 약간 씹히게 다진다.
03 다진 쇠고기는 볼에 담고 분량의 **쇠고기양념** 재료를 넣어 버무린다.
04 버무린 쇠고기는 한입 크기의 완자 모양으로 만든 뒤 냉동고에 10분 정도 넣어 떡갈비를 만든다.
05 달군 팬에 쌀눈유를 두르고 떡갈비를 넣어 표면을 익힌 뒤 불을 줄이고 뚜껑을 덮어 속까지 익힌다.
06 떡갈비를 구운 팬에 가닥을 나눈 애느타리버섯과 채썬 양파를 넣어 볶은 뒤 소금, 후추로 간해서 버섯양파볶음을 만든다.
07 접시에 현미밥을 담고 버섯양파볶음과 구운 떡갈비를 올린 뒤 송송 썬 쪽파와 통깨를 뿌린다.

라이스새우케이크

레스토랑 메뉴판에서 피시케이크를 처음 보았을 땐 '생선으로 어떻게 케이크를 만들까?' 생각했어요. 막상 요리를 받아보니 도톰한 생선부침개였지 뭐예요. 한 개만 먹어도 든든해서 새우살이나 오징어를 넣어 브런치로 즐기곤 한답니다.

재료
새우살(중하) 1컵, 현미즉석밥 1개(또는 현미밥 1공기), 달걀 1개, 슬라이스레몬 2조각, 빵가루 4큰술, 마요네즈 2큰술, 레몬즙 1큰술, 쌀눈유 1큰술, 머스터드 1작은술, 간장 1작은술, 소금·후추·파슬리가루 약간씩

이렇게 만들어요
01 새우살은 곱게 다진 뒤 레몬즙에 살살 버무린다.
02 레몬즙에 버무린 새우살, 현미즉석밥, 빵가루, 달걀을 고루 섞는다.
03 고루 섞어지면 마요네즈, 머스터드, 간장, 소금, 후추, 파슬리가루를 넣고 버무려 반죽을 만든다.
04 반죽을 3~4등분하여 동글납작하게 빚는다.
05 달군 팬에 쌀눈유를 두르고 앞뒤로 노릇하게 구워 슬라이스레몬과 함께 곁들인다.

Cooking Point
• 샐러드와 함께 곁들여 먹어도 맛있어요.

건과일스콘

영국의 상류층들이
홍차와 함께 즐기던 담백한 다과 중
하나가 바로 스콘이에요.
영국에서 대중화되어
지금은 전 세계인이 사랑하는
쁘띠퀵브레드가 된 스콘,
그중 건과일스콘은
씹는 맛이 매력적인 빵이랍니다.

재료
박력분 1과 1/2컵(180g), 베이킹파우더 1과 1/2작은술(5g), 건과일 2큰술(30g), 버터 1/4컵(50g), 설탕 1큰술(15g), 우유 1/2컵(100㎖), 달걀물(달걀노른자 2큰술, 물 4큰술), 소금 약간

이렇게 만들어요
01 건과일은 흐르는 물에 씻어 볼에 담고 랩을 씌워 불린 뒤 굵직하게 다진다.
02 박력분과 베이킹파우더는 체에 두세 번 내려 큰 볼에 담는다.
03 2에 버터, 소금, 설탕을 넣고 손으로 재빨리 비벼 부슬부슬하게 만든다.
04 3에 굵게 다진 건과일과 우유를 넣고 한 덩어리로 뭉친 뒤 냉장고에 넣고 1시간 정도 휴지시킨다.
05 냉장고에서 꺼낸 반죽을 2.5cm 정도의 두께로 밀어 지름 6cm 정도의 쿠키틀로 찍거나 큼직하게 자른다.
06 반죽의 윗면에 달걀물을 발라 오븐팬에 올린 뒤 오븐에 190℃로 예열하여 20분 정도 굽는다.

Cooking Point
• 드라이프룻티와 잘 어울려요.

05

버섯볶음두부스테이크

여러 사람이 모여 브런치 파티를 즐길 때는
근사한 서양요리를 차려내는 것도 좋지만
한두 개쯤은 한식요리를 변형한
퓨전요리를 내는 것도 색다른 멋이 있어요.
노릇하게 구워낸 버섯볶음두부스테이크에
든든한 오곡밥을 곁들이면
맛있는 브런치가 완성됩니다.

재료
부침용 두부 1모, 애느타리버섯 1/2팩(100g), 팽이버섯 1/3봉지, 생 표고버섯 2개, 양파 1/4개, 송송 썬 쪽파 1큰술, 오곡즉석밥 2개, 쌀눈유 1큰술, 참기름 2작은술, 소금·후추 약간씩

버섯볶음소스 다시마 우린 물 1/2컵, 간장 2큰술, 참기름 2작은술, 송송 썬 청양고추 1개분, 다진 마늘 2작은술, 깨소금·설탕 1작은술씩

이렇게 만들어요

01 두부는 1.5cm 두께로 두툼하게 잘라 소금, 후추를 뿌려 10분 정도 밑간한다.
02 밑간한 두부에 수분이 생기면 키친타월로 살짝 눌러 닦은 뒤 쌀눈유를 두른 팬에 노릇하게 굽는다.
03 애느타리버섯과 팽이버섯은 밑동을 잘라내고 가닥을 나눈다. 생 표고버섯은 밑동을 잘라낸 뒤 양파와 함께 곱게 채썬다.
04 두부를 구워낸 팬에 손질한 버섯과 채썬 양파, 송송 썬 쪽파를 볶는다.
05 양파가 살짝 노릇해지면 분량의 **버섯볶음소스** 재료를 넣고 볶아 버섯볶음을 만든다.
06 오곡즉석밥은 참기름을 두른 팬에 살짝 볶은 뒤 구운 두부, 버섯볶음과 함께 낸다.

스위스로스티

스위스로스티는 감자로 만든 요리 중 스테디셀러라고 할 수 있지요. 감자를 곱게 채썰어 굽거나 찐 감자를 으깨서 구워낸 요리로 해시브라운과 비슷합니다. 감자전을 좋아하는 한국 사람들에게는 매우 친근한 맛의 요리이기도 해요.

재료

감자 2개, 양파 1/4개, 베이컨 3줄, 애느타리버섯 1/2팩(100g), 파슬리가루·올리브유·소금·후추 약간씩

이렇게 만들어요

01 냄비에 박박 씻은 감자를 넣고 감자가 잠길 정도의 물을 부어 끓인다.
02 물이 끓어오르기 시작한 지 15분 정도가 지나면 냄비에서 감자를 꺼낸다. 꺼낸 감자는 큰 볼에 넣고 소금, 후추를 넣어 으깬다.
03 베이컨은 끓는 물에 데친 뒤 양파와 함께 굵직하게 다진다. 애느타리버섯은 밑동을 잘라내고 가닥을 나눈다.
04 달군 팬에 올리브유를 두르고 다진 양파, 베이컨을 넣어 볶는다.
05 양파와 베이컨이 노릇하게 볶아지면 으깬 감자를 넣고 뒤집개로 눌러가며 동글납작하게 만든 뒤 앞뒤로 노릇하게 익을 때까지 구워 로스티를 만든다.
06 감자를 구운 팬에 가닥을 나눈 애느타리버섯을 넣고 소금, 후추로 간하여 볶는다.
07 접시에 로스티와 볶은 애느타리버섯을 올리고 파슬리가루를 뿌린다.

연어샐러드

연어는 부드러운 육질의 맛을 좋아하는 사람과 비린 맛을 싫어하는 사람으로 나뉘는 호불호가 분명한 식재료 중 하나인 것 같아요. 훈제연어를 사용하면 비린 맛도 적고 따로 조리할 필요가 없어 간편하답니다.

재료
훈제연어슬라이스 10장, 양상추 5장, 치커리 4포기, 토마토 1개, 양파 1/4개, 레디쉬 1개, 블랙올리브 2개, 다진 양파 2큰술, 케이퍼 1큰술, 레몬 1/4개, 미니크루아상 4개, 흰후추·레몬즙 약간씩

발사믹드레싱 올리브유·발사믹식초 2큰술씩, 소금·후추 약간씩

이렇게 만들어요
01 훈제연어는 키친타월 위에 올린 뒤 흰후추와 레몬즙을 뿌려 절인다.
02 양상추와 치커리는 한입 크기로 뜯어 찬물에 담갔다 건진다.
03 토마토는 6~8등분한다. 양파는 곱게 채썰어 찬물에 담갔다 건진다.
04 레디쉬와 블랙올리브는 모양을 살려 슬라이스한다.
05 접시에 절인 훈제연어를 한 장씩 펼쳐 올리고 그 위에 슬라이스한 블랙올리브, 다진 양파, 케이퍼를 올린다.
06 5 위에 양상추, 치커리, 6~8등분한 토마토, 채썬 양파, 슬라이스한 레디쉬를 고루 섞어 올리고 분량의 발사믹드레싱 재료를 섞어 뿌린 뒤 미니크루아상을 곁들인다.

Cooking Point
- 훈제연어를 키친타월에 올려 손질하면 기름기가 빠져 느끼한 맛이 없어요.
- 미니크루아상을 반으로 갈라 연어샐러드를 넣고 샌드위치처럼 만들어 먹어도 맛있어요.

햄포테이토그라탕

슬라이스햄과 얇게 썬 감자 위에 고소한 치즈를 올려 노릇하게 구운 요리로 아주 간단하게 만들 수 있답니다. 짭짤하고 담백한 맛이 맥주와도 잘 어울려서 술안주로 먹어도 좋아요.

재료
슬라이스햄 8장, 감자 2개, 양파 1/4개, 다진 에멘탈치즈 1/3컵, 다진 모차렐라치즈 1컵, 파슬리가루 약간
충전물 우유 1/4컵, 생크림 2큰술, 버터 1큰술, 소금·후추 약간씩

이렇게 만들어요

01 감자와 양파는 껍질을 벗기고 얇게 슬라이스하여 끓는 물에 살짝 데친다.
02 슬라이스햄은 2등분해 끓는 물에 살짝 데친다.
03 분량의 **충전물** 재료는 잘 섞어 중탕으로 데워 충전물을 만든다.
04 오븐 용기에 데친 감자, 양파, 슬라이스햄을 켜켜이 깔고 사이사이에 중탕한 충전물을 붓는다.
05 충전물을 붓고 나면 다진 에멘탈치즈, 모차렐라치즈를 올린 뒤 200℃로 예열한 오븐에서 13분 정도 굽고 파슬리가루를 흩뿌린다.

Cooking Point
• 냉동실에 삶은 감자가 있다면 으깨서 충전물과 함께 섞은 뒤 구워도 좋아요.

우에보스란체로

'우에보스'는 스페인어로 '달걀'을 말해요. 우에보스란체로는 달걀, 샐러드 등을 한 접시에 푸짐하게 담은 브런치예요. 란체로소스를 곁들여 먹으면 이국적이면서도 개운한 맛이 일품인 우에보스란체로가 완성됩니다.

재료
달걀 4개, 감자 1개, 베이컨 2줄, 치아바타슬라이스 2쪽, 베이비채소 1팩(50g), 쌀눈유 적당량, 소금·후추·올리브유·발사믹소스 약간씩
란체로소스 양파 1/4개, 마늘 1알, 할라피뇨 1개, 토마토홀 1컵, 올리브유 2큰술, 올스파이스 1/2작은술, 계피가루·코리엔더 1/2작은술씩, 소금·후추 약간씩

이렇게 만들어요

01 **란체로소스** 재료의 양파, 마늘, 할라피뇨는 굵직하게 다진 뒤 올리브유를 두른 팬에 넣고 달달 볶아 향을 낸다.
02 1에 나머지 **란체로소스** 재료를 넣고 약불로 조려 란체로소스를 만든다.
03 감자는 껍질을 벗기고 초승달 모양으로 썰어 찬물에 담가 녹말기를 뺀 뒤 170℃로 달군 쌀눈유에 넣고 노릇하게 튀긴다.
04 달군 팬에 올리브유를 두르고 베이컨과 달걀을 넣은 뒤 소금, 후추로 간하여 노릇하게 굽는다.
05 접시에 구운 달걀, 구운 베이컨, 튀긴 감자, 치아바타슬라이스를 올리고 베이비채소와 발사믹소스를 버무린 샐러드와 란체로소스를 곁들인다.

Cooking Point
• 란체로소스를 조릴 때 농도가 되직해지고 올리브유가 표면으로 떠오르면 완성된 거예요.

과일벨기에와플

정통 벨기에 와플은 벌집 모양에
버터와 시럽이 잘 배어들도록
이스트로 부풀린 반죽을 써야 해요.
잔손이 많이 가긴 하지만 금요일 저녁에
미리 반죽해 놓고 와플팬에 구운 뒤
과일절임과 달걀프라이만 곁들여
주말에 느긋한 브런치를 즐겨보세요.

재료

박력분 1컵(140g), 슈가파우더 1큰술(10g), 인스턴트 드라이이스트 1/2작은술(3g), 소금 1/3작은술(1g), 녹인 버터 1/3컵(70g), 우유 3/4컵(185㎖), 달걀 1개, 과일(오렌지, 청포도, 파인애플 등) 2컵, 버터·꿀 약간씩
아몬드생크림 1컵(200㎖), 아몬드파우더 2큰술(15g), 슈가파우더 1큰술(10g)

이렇게 만들어요

01 박력분, 슈가파우더, 드라이이스트, 소금을 볼에 담아 녹인 버터, 우유를 넣고 잘 섞어 실온에서 하룻밤 둔다.
02 1의 반죽에 달걀노른자를 넣고 고루 섞는다.
03 달걀흰자는 물기가 없는 볼에 넣고 섞어 단단하게 거품을 낸 뒤 2에 살살 섞어 반죽을 만든다.
04 뜨겁게 달군 와플팬에 버터를 살짝 녹여 바른 뒤 반죽을 부어 3~5분 정도 굽는다.
05 과일은 먹기 좋게 손질한다.
06 볼에 분량의 아몬드생크림 재료를 넣고 부드럽게 거품을 내 아몬드생크림을 만든다.
07 와플 위에 아몬드생크림과 손질한 과일을 올리고 꿀을 살짝 뿌린다.

터키식 포크케밥

케밥은 원래 꼬치에 꿰어 불에 구운 고기 요리를 말하는 것으로 유목민이었던 터키 사람들이 이동 중에 맛있는 식사를 하게 위해 고안한 요리예요. 토르티야와 칠리소스만 있다면 한국인의 입맛에 딱 맞는 브런치를 만들 수 있어요.

재료
돼지고기(안심) 200g, 양상추 4장, 치커리 2포기, 토마토 1개, 양파 1/4개, 오이피클슬라이스 8쪽, 올리브유 약간

토르티야 중력분 1컵(125g), 베이킹파우더 1작은술(5g), 설탕 1/2작은술(2g), 달걀노른자 1개분, 우유 1/3컵(70㎖), 올리브유 1큰술(15㎖)

칠리소스 토마토케첩 4큰술, 올리브유 1큰술, 핫소스 2작은술, 다진 양파 3큰술, 다진 칠리페퍼 2큰술, 다진 마늘 2작은술, 설탕·후추 약간씩

이렇게 만들어요

01 **토르티야** 재료의 중력분, 베이킹파우더, 설탕을 볼에 넣은 다음 달걀노른자와 우유를 섞어 넣는다.

02 1이 덩어리지면 **토르티야** 재료의 올리브유를 넣고 끈기 있게 치대 반죽을 만든 뒤 냉장고에 넣고 1시간 정도 휴지시킨다.

03 1시간이 지나면 반죽을 2등분하여 얇고 긴 타원형으로 민 뒤 마른 팬에 넣고 노릇하게 구워 토르티야를 만든다.

04 돼지고기는 잔칼집을 내서 분량의 **칠리소스** 재료를 반 정도 넣어 버무린 뒤 올리브유를 두른 팬에 노릇하게 구워 굵게 채썬다.

05 양상추와 치커리는 한입 크기로 뜯어 찬물에 담갔다 건진다. 토마토, 양파, 오이피클슬라이스는 굵게 채썬다.

06 토르티야에 남은 반 정도의 칠리소스를 바르고 치커리, 양상추, 토마토, 오이피클슬라이스, 양파, 채썬 돼지고기 순으로 올린 뒤 랩으로 만다.

클래식팬케이크

어린 시절, 가끔씩 아빠가
해주시곤 하던 팬케이크가 생각나요.
아빠표 팬케이크는 탄 자국이 나고
울퉁불퉁했지만 달콤한 그 맛은
잊을 수가 없어요.
과일콤포트를 곁들여 더욱 맛있어진
클래식팬케이크로 아련한 추억을
떠올려보세요.

재료
팬케이크믹스 1컵, 달걀노른자 1개분, 우유 1/2컵, 쌀눈유 2큰술
과일콤포트 큼직하게 썬 과일(천도복숭아, 바나나, 키위 등) 2컵, 채썬 레몬 껍질 2큰술, 계피스틱 1조각, 100% 사과주스 1과 1/2컵

이렇게 만들어요
01 볼에 팬케이크믹스, 달걀노른자, 우유를 넣고 고루 섞어 반죽을 만든다.
02 달군 팬에 쌀눈유를 두르고 키친타월로 닦아낸다. 그 위에 반죽을 떠 넣고 동그랗고 노릇하게 부쳐 팬케이크를 만든다.
03 바닥이 두꺼운 냄비에 분량의 **과일콤포트** 재료를 넣고 센불에서 끓인다.
04 끓어오르면 중불로 줄인 뒤 15분 정도 더 조려 과일콤포트를 만든다.
05 팬케이크를 접시에 쌓고 과일콤포트를 올린다.

Cooking Point
- 팬케이크를 구울 때는 팬을 충분히 뜨겁게 달궈야 먹음직스럽게 구워져요. 또 쌀눈유나 버터를 넣은 뒤 키친타월로 닦아내야 팬에 기름이 적당히 없어져 팬케이크 표면에 구멍이 생기지 않아요.
- 완성된 과일콤포트는 냉장고에서 열흘 정도 보관이 가능해요.

와플브런치

꼭 빵을 좋아하지 않아도 출출한 시간에 먹는 살짝 구운 빵과 짭짤한 햄은 언제나 든든한 행복감을 가져다주지요. 아이스크림이나 과일을 얹어 달콤하게 먹는 바삭하고 따뜻한 와플에 햄, 달걀, 구운 채소를 곁들이면 파워풀한 브런치가 완성됩니다.

재료

와플 2개(155쪽 참고), 닭가슴살프랑크소시지 4개, 달걀 4개, 가지 1개, 쥬키니호박 1/4개, 방울토마토 10개, 소금·통후추·올리브유 약간씩
구운채소드레싱 올리브유·레몬즙 2큰술씩, 간장 1큰술, 설탕 1작은술, 다진 양파 2큰술, 다진 마늘 1작은술, 후추 약간

이렇게 만들어요

01 닭가슴살프랑크소시지는 길게 칼집을 넣어 끓는 물에 살짝 데친다.
02 가지와 쥬키니호박은 길게 2등분해서 어슷하고 도톰하게 썬 뒤 소금, 통후추, 올리브유를 넣어 10분 동안 절인다.
03 방울토마토는 잘 씻어 꼭지를 딴다.
04 올리브유를 두른 팬에 달걀을 2개씩 깨뜨려 넣고 반숙으로 익힌다.
05 달걀을 구운 팬에 데친 닭가슴살프랑크소시지를 노릇하게 구워낸 뒤 절여 둔 채소와 방울토마토를 넣고 노릇하게 굽는다.
06 와플 위에 구운 달걀, 닭가슴살프랑크소시지, 채소를 올리고 분량의 **구운 채소드레싱** 재료를 섞어 곁들인다.

Cooking Point

• 달걀과 닭가슴살프랑크소시지를 구워낸 팬에 채소를 구우면 채소에 풍미가 배어요.

루꼴라달걀탁틴

탁틴 또는 타르틴은 프랑스어로
'빵 한 조각'이라는 뜻이에요.
빵 위에 여러 가지 재료를 올려 먹는
오픈샌드위치라고 생각하면 쉬워요.
느긋한 늦잠을 즐긴 주말,
냉장고 속 재료를 몽땅 올린
탁틴을 만들어보세요.
든든하고 뿌듯한 하루가 될 거예요.

재료

루꼴라(또는 시금치) 6포기, 달걀 2개, 양송이버섯 5개, 청피망·홍피망·양파 1/4개씩, 잡곡바게트슬라이스 2쪽, 치즈견과딥 3큰술(134쪽 참고), 발사믹소스(또는 간장) 2작은술, 올리브유 적당량, 소금·통후추 약간씩

이렇게 만들어요

01 루꼴라는 길게 2~3등분한다.
02 양송이버섯은 모양을 살려 도톰하게 썬다. 청피망, 홍피망, 양파는 굵게 채 썬다.
03 달걀은 올리브유를 두른 팬에 소금, 통후추를 뿌려 반숙으로 굽는다.
04 잡곡바게트슬라이스는 마른 팬에 노릇하게 구운 뒤 식기 전 치즈견과딥을 펴 바른다.
05 올리브유를 두른 팬에 양파, 양송이버섯, 청피망, 홍피망, 루꼴라 순으로 재료를 넣은 뒤 소금, 통후추를 뿌려 재빨리 볶는다.
06 치즈견과딥을 바른 잡곡바게트슬라이스 위에 반숙으로 구운 달걀과 5를 올린 뒤 발사믹소스를 살짝 뿌린다.

바나나생강토스트

바나나를 구워서 사용할 때는 껍질 부분에 초록색이 많고 단단한 것을 골라 사용하는 것이 좋아요. 검은 반점이 생긴 바나나는 구웠을 때 쉽게 물러버리거든요. 완성된 브런치는 밀크티를 곁들여 먹으면 아주 맛있어요.

재료
바나나 2개, 곱게 다진 호두·찹쌀가루 2큰술씩, 식빵 4장, 꿀 1큰술, 계피가루 1/2작은술, 쌀눈유 적당량, 슈가파우더 약간
생강달걀물 달걀 1개, 우유 1/2컵, 꿀 1큰술, 곱게 다진 생강 1/2작은술

이렇게 만들어요
01 곱게 다진 호두와 찹쌀가루를 섞은 뒤 바나나를 굴려 옷을 입힌다.
02 옷을 입힌 바나나는 쌀눈유를 두른 팬에 센불로 노릇하게 굽는다.
03 구운 바나나에 꿀을 묻힌 뒤 계피가루를 살살 뿌린다.
04 분량의 **생강달걀물** 재료를 고루 섞은 뒤 식빵을 적신다.
05 바나나를 구워낸 팬을 닦아내고 쌀눈유를 살짝 뿌린 뒤 생강달걀물에 적신 식빵을 앞뒤로 노릇하게 구워낸다.
06 구운 바나나와 구운 식빵은 접시에 담고 슈가파우더를 뿌린다.

Cooking Point
바나나생강토스트와 잘 어울리는 티 - 밀크티
냄비에 물 1/2컵과 홍차 티백 2개, 설탕 2큰술을 넣고 끓인 뒤 차가운 우유 2컵을 넣고 우유 막이 생길 때까지 끓여 체에 걸러낸다.

치즈마카로니

마카로니는 파스타의 일종으로
속이 비어 있는 짧은 빨대 모양이 재밌어요.
이 마카로니에 치즈를 녹여 먹는 요리를
치즈마카로니 또는
마카로니 & 치즈라고 하는데,
구멍 속에 치즈소스가 배어들어
고소하고 부드러운 맛이 매력적이랍니다.

재료
마카로니 1과 1/2컵, 모차렐라치즈 4큰술, 체더치즈 2장, 간 그라나파다노치즈 1/2컵, 버터 2큰술, 우유 3큰술, 소금·파슬리가루 약간씩

이렇게 만들어요
01 마카로니는 끓는 소금물에 넣고 삶는다.
02 달군 팬에 버터를 넣어 녹인 뒤 우유를 넣고 중불에서 살짝 끓인다.
03 버터가 우유에 잘 녹아들면 삶은 마카로니를 넣고 고루 버무린다.
04 마카로니에 버터와 우유가 잘 흡수되면 모차렐라치즈와 잘게 자른 체더치즈, 소금을 넣고 버무린다.
05 불을 끄고 간 그라나파다노치즈와 파슬리가루를 올린다.

Cooking Point
- 치즈마카로니는 따뜻할 때 먹어야 느끼함이 덜하기 때문에 온기가 오래 전달되는 무쇠팬이나 오븐 용기에 담아서 조리하는 것이 좋아요.
- 불이 너무 세면 치즈가 타버리므로 중불에서 치즈가 충분히 마카로니에 배어들 수 있도록 저어주세요.

여유롭게 즐기는 세계일주 플래터

잉글리시브렉퍼스트

여러 나라의 브런치를 즐기다보면 달걀, 감자, 빵, 베이컨이나 소시지 등의 공통 요소를 발견할 수 있어요. 그중에서도 영국식브런치에는 담백한 수란과 두툼한 수제 소시지가 꼭 들어가지요. 수란에 아스파라거스 같은 채소를 찍어 먹으면 참 맛있답니다.

재료
달걀 4개, 허브프랑크소시지 2개, 완숙 토마토 1개, 감자 1/2개, 식초물(식초 2작은술, 물 3컵), 올리브유 약간
토마토감자구이소스 굵게 다진 마늘 2작은술, 굵게 다진 바질 1큰술, 올리브유 1큰술, 소금·후추 약간씩
빈스샐러드 익힌 강낭콩(또는 강낭콩통조림) 1/2컵, 옥수수통조림 2큰술, 굵게 다진 청피망·홍피망·양파 1/4개씩, 레몬즙·올리브유 2큰술씩, 발사믹식초 2작은술, 소금 1/3작은술, 소금·후추 약간씩

이렇게 만들어요

01 팬에 식초물을 넣은 뒤 달걀을 깨뜨려 넣어 반숙으로 익힌다.
02 토마토는 모양을 살려 도톰하게 슬라이스한다. 감자는 잘 씻어 껍질을 벗기고 초승달 모양으로 얄팍하게 썬다.
03 슬라이스한 토마토와 초승달 모양의 감자를 볼에 넣고 분량의 **토마토감자구이소스** 재료와 함께 버무린다.
04 허브프랑크소시지는 칼집을 넣어 끓는 물에 살짝 데친 뒤 올리브유를 두른 팬에 노릇하게 굽는다.
05 소시지를 구운 팬에 소스에 버무린 감자를 올려 굽는다. 감자가 거의 익으면 소스에 버무린 토마토를 올려 굽는다.
06 접시에 반숙으로 익힌 달걀, 구운 감자와 토마토, 소시지를 담고 분량의 **빈스샐러드** 재료를 섞어 곁들인다.

Cooking Point
- 토마토와 감자를 토마토감자구이소스에 버무린 뒤 구우면 풍미가 좋아져요.
- 토마토감자구이소스에 들어가는 마늘이 부담스럽다면 양파로 바꿔도 된답니다.

프렌치봉쥬르플래터

호기롭게 떠난 20대의 유럽 배낭여행의 마지막 날, 아쉬운 마음에 찾아간 노천카페에서 먹은 프렌치봉쥬르플래터의 맛은 10년이 지난 지금도 잊을 수가 없답니다. 그때 그 맛을 떠올리며 만들어본 메뉴로 프랑스의 향취를 느껴보세요.

재료
크루아상 2개(또는 작은 바게트 1개), 슬라이스햄 4장, 루꼴라 1줌(30g), 복숭아(또는 사과) 1개, 까망베르치즈슬라이스 4조각, 올리브유 2큰술, 발사믹식초 2작은술
초콜릿견과딥 초콜릿스프레드 4큰술, 다진 아몬드 1큰술, 연유 약간

이렇게 만들어요

01 크루아상은 반으로 가른 뒤 단면에 분량의 **초콜릿견과딥** 재료를 섞어 바른다.
02 슬라이스햄은 끓는 물에 살짝 데친다.
03 루꼴라는 잘 씻어 수분을 제거한다. 복숭아는 얇은 초승달 모양으로 썬다.
04 접시에 초콜릿견과딥을 바른 크루아상과 데친 슬라이스햄, 복숭아, 루꼴라, 까망베르치즈슬라이스를 담는다.
05 루꼴라와 복숭아 위에 올리브유와 발사믹식초를 뿌린다.

Cooking Point

- 까망베르치즈슬라이스 대신 브리치즈 또는 크림치즈를 곁들이거나, 루꼴라 대신 양상추나 치커리를 이용해 샐러드를 만들어도 맛있어요.
- 진하게 내린 블랙커피나 에스프레소를 곁들이면 진정한 프렌치봉쥬르플래터가 완성됩니다.

Plus Recipe

아메리칸브런치플래터

'아메리칸 브런치' 하면 〈섹스 인 더 시티〉의 다사다난한 여배우 4인방이 떠오르는 것은 저뿐만이 아니겠죠? 드라마 주인공처럼, 일주일을 바쁘게 보낸 친구끼리 모여 앉아 아메리칸브런치플래터를 즐기며 수다를 떨며 주말 아침을 보내보세요.

재료
팬케이크 4장(157쪽 참고), 달걀 4개, 감자 1/2개, 닭가슴살프랑크소시지 2개, 베이컨 4줄, 버터 2큰술, 쌀눈유 적당량, 올리브유·메이플시럽·토마토케첩·소금·후추 약간씩

이렇게 만들어요

01 달걀은 곱게 풀어 소금, 후추로 간한 뒤 올리브유를 두른 팬에 젓가락으로 휘저어가며 스크램블로 익힌다.

02 닭가슴살프랑크소시지는 잔칼집을 넣어 끓는 물에 데친다. 베이컨은 끓는 물에 살짝 데친다.

03 감자는 껍질째 채썰어 찬물에 담가 녹말기를 제거한 뒤 170℃로 예열한 쌀눈유에 바삭하게 튀겨 뜨거울 때 소금, 후추를 뿌린다.

04 데친 닭가슴살프랑크소시지와 베이컨은 스크램블을 익혀낸 팬에 노릇하게 굽는다.

05 접시에 팬케이크와 스크램블, 튀긴 감자, 구운 소시지와 베이컨을 올리고 버터, 메이플시럽, 토마토케첩을 곁들인다.

Cooking Point

- 정통 아메리칸 브런치 플래터에는 탄수화물과 단백질 중심으로 샐러드가 없었는데 요사이 건강에 대한 열품이 거세지면서 샐러드가 약간씩 함께 서빙되고 있어요. 기호에 따라 프렌치드레싱이나 오리엔탈드레싱을 곁들인 샐러드와 함께 먹어도 좋아요.

스페인식 타파스 플래터

스페인은 하루에 다섯 번 식사를 할 정도로 먹는 것을 중요시하는 미식가의 나라예요. 한 접시에 여러 가지 요리를 담아 먹는 브런치와 닮은 스페인식타파스플래터로 맛의 나라 스페인을 맛보세요.

재료
프랑크소시지(또는 초리소) 2개, 감자 1/2개, 가지 1개, 하몽(또는 살라미나 슬라이스햄) 3장, 그린올리브절임 2큰술, 올리브유·쌀눈유 적당량, 소금·후추 약간씩
마늘바게트 바게트슬라이스 4조각, 다진 마늘 1작은술, 올리브유 1큰술, 소금·후추 약간씩
스페인식오믈렛 삶은 감자 1개, 양송이버섯 2개, 양파 1/4개, 달걀 3개, 우유 3큰술, 소금·후추 약간씩

이렇게 만들어요

01 프랑크소시지는 잔칼집을 넣어 끓는 물에 살짝 데친 뒤 올리브유를 두른 팬에 넣고 노릇하게 굽는다.

02 감자는 껍질을 벗기고 도톰하게 채썰어 찬물에 담가 녹말기를 제거한 뒤 170℃로 예열한 쌀눈유로 노릇하게 튀겨 소금, 후추로 간한다.

03 가지는 어슷하게 썰어 소금, 후추로 밑간한 뒤 올리브유를 두른 팬에 넣고 앞뒤로 노릇하게 굽는다.

04 **마늘바게트** 재료의 바게트슬라이스 위에 나머지 마늘바게트 재료를 섞어 바른 뒤 바닥이 두꺼운 프라이팬에 노릇하게 구워 마늘바게트를 만든다.

05 **스페인식오믈렛** 재료의 삶은 감자는 껍질을 벗겨 얇게 반달 모양으로 썬다. 양송이버섯은 모양을 살려 슬라이스하고 양파는 곱게 채썬다.

06 프랑크소시지를 구워낸 팬에 5의 채소를 노릇하게 볶다가 나머지 **스페인식오믈렛** 재료를 섞어 부은 뒤 뚜껑을 덮는다.

07 중약불에서 달걀의 밑면이 70% 정도 익을 때까지 구운 뒤 뒤집어서 완전히 익혀 알맞은 크기로 잘라 스페인식오믈렛을 만든다.

08 큰 접시에 구운 소시지, 튀긴 감자, 구운 가지, 마늘바게트, 스페인식오믈렛, 하몽, 그린올리브절임을 고루 올린다.

대한민국 식용유 시장을 선도하는 백설 고급유!

'백설 고소한 쌀눈유'는 현미 한가마(80kg)에서 약 2kg 밖에 나오지 않는 귀한 쌀눈영양을 담은 100% 순식물성 식용유로, 항산화 작용에 도움이 되는 '감마오리자놀' 성분(백설 쌀눈유 900ml 기준, 400mg 함유)이 함유되어 있습니다.

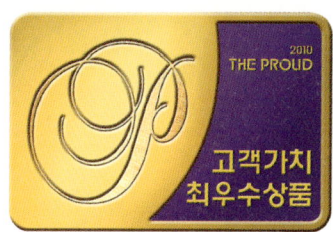

한국능률협회컨설팅 선정
2010 고객가치최우수상품
웰빙 건강부문 **슬림닭가슴살**

100% 국내산 닭가슴살로 만든
slim 슬림 닭가슴살

핫 바베큐치킨

Slim 닭다리살

Slim 닭가슴살 카나페

Slim 닭가슴살 라이트

밥에도
국가대표가
있다

유통기한 확인하여 식품선택 올바르게

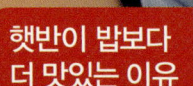
햇반이 밥보다
더 맛있는 이유

엄선한 햅곡을 냉장보관, 쌀의 신선도를 지킵니다
도정 후 하루 내의 쌀만을 사용하여 밥을 짓습니다
무균화 포장으로 늘 갓 지은 밥맛을 유지합니다